Lust auf ...

Fingerfood

Lust auf ...

Fingerfood

Anna-Maria Hauser *(Editorische Betreuung)*
Hans-Georg Moritz *(Text)*
Ruprecht Stempell *(Fotografie)*
Anton von Doremalen *(Foodstyling)*

EDITION LEMPERTZ

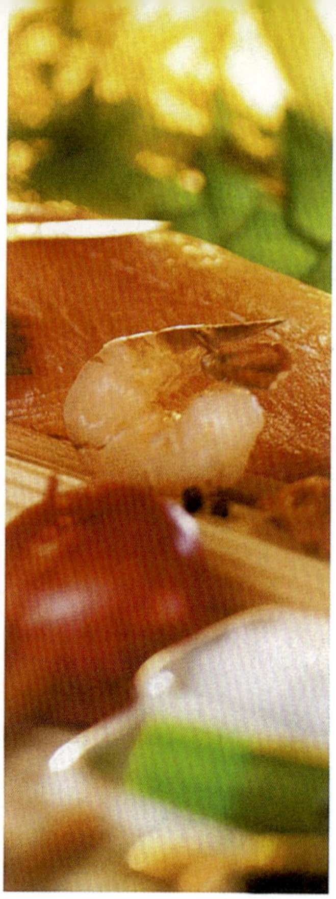

Mathias Lempertz GmbH
Hauptstr. 354
53639 Königswinter
Tel.: 02223 / 900036
Fax: 02223 / 900038

Deutsche Ausgabe:

Fotos: Michael Ditter

Printed and bound in Italy

ISBN: 978-3-939908-94-4

Inhalt

Essen ohne Messer und Gabel, nur mit den Fingern, ist „in" und *der* Partytrend. Das ist nicht erstaunlich: Macht es doch einfach Spaß, sich zwanglos um ein Büffet zu versammeln und aus der Vielzahl der appetitlichen Häppchen auszuwählen. Gerade bei Fingerfood gilt der Satz „Das Auge isst mit", denn die kleinen Snacks sehen äußerst dekorativ aus, wenn sie schön arrangiert auf einer Servierplatte nebeneinander liegen.

Die über 90 Rezepte dieses Buches zeigen, dass Fingerfood viel mehr bieten kann als belegte Schnittchen. Alle werden von einem erfahrenen Koch Schritt für Schritt vorgestellt, so dass sie auch von Hobbyköchen problemlos zubereitet werden können. Fleisch, Geflügel, Fisch und Meeresfrüchte, Gemüse, pikant Belegtes und Desserts: Verwöhnen Sie Ihre Gäste mit kleinen Raffinessen in allen Variationen!

Nie waren die Anregungen, aus denen Köche schöpfen konnten, so vielfältig und international wie heute. Unsere Palette reicht von frittierten Wan-Tan-Täschchen aus China und Satays aus Indonesien über Mini-Calzoni aus Italien und gefüllte Weinblätter aus der Türkei bis hin zu Nachos aus Mexiko. Lassen Sie sich von den Spezialitäten dieses Buches zu einer Weltreise anregen!

Sie können die vorliegenden Rezepte für Ihre Party beliebig kombinieren – auf Seite 92 finden Sie dazu einige Vorschläge –, aber auch einzeln als Hauptmahlzeit für vier Personen zubereiten.

Wir wünschen viel Spaß und gutes Gelingen mit unseren Fingerfood-Rezepten!

Fleisch und Geflügel

Mini-Hackfleisch-Buletten

Einfach – preiswert

Für 10–12 Stück

Zubereitungszeit: 1 Std.

- 1/2 rote Pfefferschote
- 1 gelbe Paprika
- 1/4 grüne Paprika
- 1 Bund Petersilie
- 50 g Kochschinken am Stück
- 400 g Bratwurstbrät (vom Fleischer)
- Salz, Pfeffer aus der Mühle
- 1 EL süßer Senf
- 60 g Butterschmalz

1. Pfefferschote, Paprika, Petersilie und den Kochschinken fein hacken.

2. Die fein gewürfelten Zutaten unter das Bratwurstbrät mischen. Mit Salz und Pfeffer sowie dem süßen Senf abschmecken.

3. Mit nassen Händen aus der Masse 10–12 kleine, etwa 40–50 g schwere Bratlinge formen.

4. Das Butterschmalz in einer großen Pfanne erhitzen und die Bratlinge darin portionsweise etwa 8 Minuten von beiden Seiten braten, bis sie schön braun sind.

Variationen:

Wenn kein Bratwurstbrät erhältlich ist, kann man auch Thüringer Mett verwenden. Der Kochschinken kann durch fein gewürfelte Champignons, Austernpilze oder Shiitake-Pilze ersetzt werden. Möglich sind auch Mais, Gewürzgurke, gehackte Nüsse, Sonnenblumenkerne, vorgegarte Möhrenwürfel oder eingeweichter Grünkern. Der Phantasie sind keine Grenzen gesetzt!

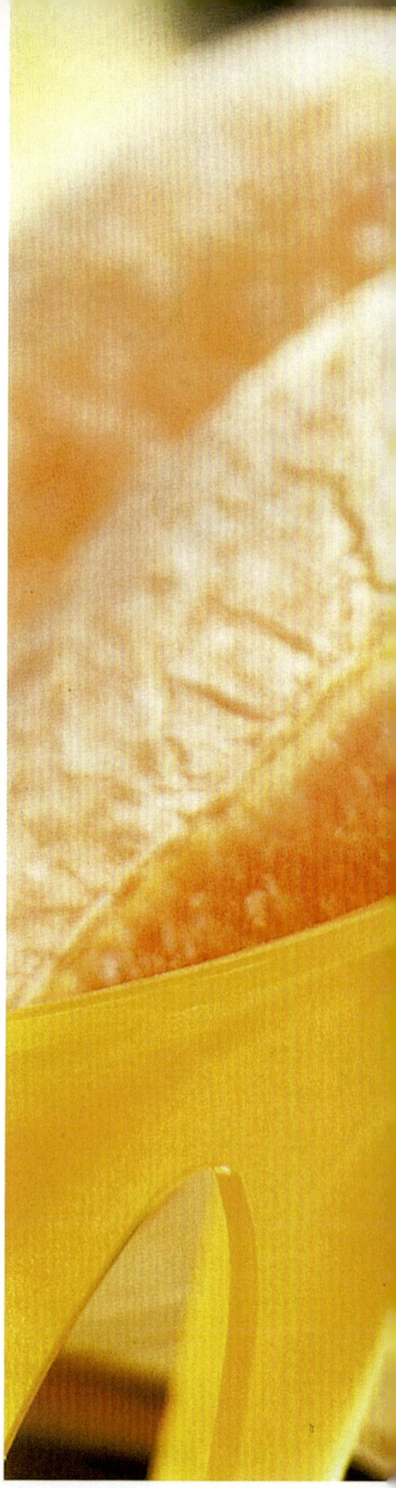

Scottish Meatballs

Etwas schwieriger – aus Schottland

Für 10 Stück

Zubereitungszeit: 1 Std.

- 500 g Thüringer Mett
- 1 Bund Petersilie, gehackt
- 1 TL Worcestersoße

1 TL Colemans mustard (englisches Senfpulver)
1 Glas Wachteleier (200 g EW)
60 g Butterschmalz

1. Das Mett mit der Petersilie, der Worcestersauce und dem Senfpulver gut verkneten. Eventuell nochmals etwas nachwürzen.

2. Aus der Masse 10 kleine, etwa 50 g schwere Kugeln formen. In jede Kugel ein Loch drücken, ein Wachtelei hineinlegen und die Fleischmasse um das Ei wieder verschließen.

3. Das Butterschmalz in einer Pfanne erhitzen und die Fleischbällchen darin 8–10 Minuten braten.

Dazu passt ein kräftiges Guinness.

Tipp:
Jeweils einen Chicken Ball in ein etwas größeres Papierförmchen legen und einen Löffel von dem Bananen Chutney dazugeben. So kann man das Ganze direkt aus den Förmchen essen.

Chicken Balls mit Bananen-Ingwer-Chutney

Etwas schwieriger – aus Asien

Für 12 Stück

Zubereitungszeit: 1 Std.

Bällchen:

- 450 g Hähnchen- oder Putenbrust, durch den Fleischwolf gedreht oder mit dem Blitzhacker zerkleinert
- Salz, Pfeffer aus der Mühle
- Cayennepfeffer
- 2 Eier
- 40 g süße Sahne
- 60 g Mehl
- 50 g Sesamsamen
- 80 g Öl zum Braten

Bananen-Ingwer-Chutney:

- 140 g Zucker
- 50 g getrocknete Bananen
- 40 ml Rum
- 100 g Ananas, in Stücken
- 100 g Pfirsich, in Stücken
- 50 g Aprikose, in Stücken
- 30 g eingelegter Ingwer (Ginger Nuts in Zucker)
- $^1/_2$ TL Vitamin-C-Pulver (Ascorbinsäure)
- etwas Orangensaft
- 30 ml Opekta (Geliermittel)
- Salz, Sambal oelek

1. Das zerkleinerte Geflügelfleisch mit Salz, Pfeffer und Cayenne würzen. Mit nassen Händen 12 etwa 40 g schwere Kügelchen formen.

2. Die Eier mit der Sahne gut verrühren und eventuell ein wenig von dem Mehl unterrühren.

3. Die Fleischbällchen zuerst im restlichen Mehl wälzen, dann in der Ei-Sahne-Mischung und zum Schluss in den Sesamsamen.

4. Die Chicken Balls etwa 8 Minuten im heißen Öl braten.

5. Für das Bananen-Ingwer-Chutney den Zucker in einer Pfanne zu hellem Karamell bräunen, Pfanne dann sofort vom Herd ziehen.

6. Die Fruchtstücke und die Ingwerstücke mit etwas Orangensaft und dem Vitamin C zufügen und vorsichtig mit dem Karamell verkochen. Die Früchte sollen dabei weich werden. Die Speisestärke zugeben und noch 2–3 Minuten köcheln. Mit etwas Salz und Sambal oelek abschmecken. Die eingeweichten Bananen unterrühren und das Chutney erkalten lassen.

Dazu schmeckt ein Banana-Daiquiri: 3 cl weißen Rum, 2 cl Bananenlikör, 3 cl Zitronensaft und 1 cl Zuckersirup im Shaker mit Eiswürfeln schütteln und in eine Cocktailschale abseihen. Ein Bananenstück an den Glasrand stecken.

Roggen-Burger mit Mozzarella

Vegetarisch – preiswert – einfach

Für 10–12 Stück

Zubereitungszeit: 2 Std.

- 200 g Roggenschrot
- 400 ml Gemüsebrühe (Instant)
- 1 Zwiebel, fein gewürfelt
- 20 g Butter
- 2 kleine Knoblauchzehen, fein gehackt
- 1 Topf Basilikum
- 2 Eier
- 1 TL Dijon-Senf
- 2–3 TL Thymianblättchen
- Salz, Pfeffer aus der Mühle
- 80 g Semmelbrösel
- 100 ml Olivenöl zum Braten
- 150 g Mozzarella, in Scheiben

1. Den Roggenschrot in der Brühe bei geringer Hitze etwa 40 Minuten köcheln lassen, dabei öfter umrühren. Dann vom Herd ziehen und 15 Minuten ausquellen lassen, anschließend gut abtropfen lassen.

2. Die Zwiebel in der Butter glasig dünsten und dann die Knoblauchzehen zufügen. Einen kleinen Teil der Basilikumblätter fein hacken und unterrühren. Die Mischung unter das Roggenschrot rühren.

3. Die Eier nach und nach unterarbeiten. Mit Senf, Thymian, Salz und Pfeffer würzen.

4. Die Semmelbrösel unterkneten, so dass eine homogene Masse entsteht. Daraus 10–12 etwa 60 g schwere Bratlinge formen und in dem Öl bei mittlerer Hitze etwa 10 Minuten goldbraun braten. Auf einer Platte anrichten.

5. Die Mozzarellascheiben auf die Burger legen und unter dem Grill des Backofens überbacken. Je 1 Basilikumblättchen auf jeden Burger legen.

Servieren Sie dazu einen leichten Pinot Grigio.

Das Roggenschrot muss im Topf ausquellen.

Kebab vom Lammrücken mit buntem Paprika

Einfach – aus der Türkei

Zubereitungszeit: 30 Min.

Marnierzeit: 12 Std.

- 50 g Butter, zerlassen
- 400 g Lammrückenfilet, gewürfelt
- 1 rote Paprika, grob gewürfelt
- 1 gelbe Paprika, grob gewürfelt
- 3 EL Limettensaft
- 1/2 TL gemahlener Kümmel
- 1/2 TL Ingwerpulver
- 1 Döschen gemahlener Safran (1 mg)
- 1 Prise Cayennepfeffer
- 1 Knoblauchzehe, gehackt
- 1 Zwiebel, fein gehackt
- 1 TL Rosmarin, fein gehackt

1. Die Butter in eine große Schale geben. Lammfleisch mit den übrigen Zutaten zugeben und alles gut mischen.

2. Die Schale gut abgedeckt in den Kühlschrank stellen und das Fleisch etwa 12 Stunden durchziehen lassen.

3. Das Fleisch abwechselnd mit dem Paprika auf Holzspieße stecken. Auf einem vorgeheizten Grill sanft 8–10 Minuten braten, dabei immer wieder mit der Marinade bestreichen.

Dazu schmeckt frisches Fladenbrot. Servieren Sie zum Lammkebab einen geharzten griechischen Wein.

Schaschlik, Satay, und Siš Kebab

Von der Zähmung des Feuers durch die frühen Menschen bis zur Erfindung des Kochtopfes war es ein weiter Weg. So erstaunt es nicht, dass das Garen von Fleischstücken über offenem Feuer zu den ältesten Garmethoden der Menschheit gehört und Fleischspieße in vielen Küchen der Welt zuhause sind.

Bekannt sind bei uns die Souflaki aus Griechenland, die oft mit zartem Lamm- oder Kalbfleisch zubereitet werden. In der Türkei schätzt man Siš Kebab, marinierte Lammfleischwürfel. Das Wort „Siš" bedeutet auf türkisch Schwert, da die Fleischstücke ursprünglich auf ein Schwert gespießt und über dem Lagerfeuer gebraten wurden. In Ungarn isst man Rablóhús („Räuberfleisch"), das mit Zwiebeln über offenem Feuer gebraten wird.

Doch auch in Südostasien gehören Spieße – Satays oder Satés genannt – vielerorts zum Standardrepertoire der Köche. Man schneidet dafür das Fleisch sehr dünn und steckt es auf Bambusspieße. Dazu wird traditionell eine scharfe Erdnuss-Sauce gereicht.

Satays von der Flugentenbrust

Etwas schwieriger – aus Indonesien

Zubereitungszeit: 30 Min.

Marinierzeit: 12 Std.

- 2 kleine Flugentenbrüste (ca. 300 g)
- 2 TL roter Curry
- 1 TL schwarzer Pfeffer aus der Mühle
- Salz
- 1/4 TL gemahlener Kreuzkümmel (Kumin)
- 2 EL Sojaöl

1. Die Entenbrüste jeweils längs halbieren.

2. Eine Bratpfanne erhitzen und die Entenbrüste auf der Hautseite kurz scharf anbraten, umdrehen und auf der anderen Seiten ebenso anbraten. Herausnehmen und abkühlen lassen.

3. Die übrigen Zutaten zu einer Marinade verrühren.

4. Die Entenbrüste in dünne Scheiben schneiden und in der Marinade 12 Stunden im Kühlschrank ziehen lassen.

5. Das Fleisch so auf Holzspieße stecken, dass die Hautseite immer zueinander zeigt. Auf dem Grill vorsichtig kross braten.

Dazu passt eine scharfe Erdnuss-Sauce und Weißbrot. Servieren Sie zu den Entenspießen ein kühles Bier.

Die Entenbrüste werden in der Pfanne zunächst auf der Hautseite, dann auf der Fleischseite scharf angebraten.

Feta-Pastete „Agios Andreas“

Einfach – aus Griechenland

Zubereitungszeit: 30 Min.

Kühlzeit: 12 Std.

- 400 g griechischer Feta
- 100 g süße Sahne
- 4 schwarze Oliven, gehackt
- 10 Rosmarinnadeln, gehackt
- 5 Pfefferminzblättchen, gehackt
- 1/2 rote Paprika, gewürfelt
- 1/2 gelbe Paprika, gewürfelt
- 4 EL Olivenöl extra vergine
- 1 EL gehackte glatte Petersilie
- Salz, Pfeffer aus der Mühle
- 1 Knoblauchzehe, gehackt
- 1 Baguette
- einige Radicchioblätter zum Garnieren

1. Den Feta zerdrücken und mit der Sahne in einer Schüssel glattrühren. Oliven, Rosmarin, Pfefferminze und die Paprikawürfel zusammen mit 3 Esslöffeln Olivenöl und der gehackten Petersilie unterarbeiten. Mit Salz und Pfeffer würzen.

2. Eine kleine Dachrinnen-Terrinenform (500 ml Fassungsvermögen) mit Klarsichtfolie auslegen und die Käsemischung hineindrücken. Oben glattstreichen und mit Folie verschließen. Im Kühlschrank durchkühlen, bis sie fest geworden ist.

3. Den restlichen Esslöffel Olivenöl in einer Pfanne erhitzen und darin den Knoblauch andünsten. Im Knoblauchöl Baguettescheiben rösten.

4. Die Baguettescheiben mit je 1 Radicchioblatt und 1 Scheibe der Käsepastete belegen. Die Fetapastete zum Lammhack-Souflaki reichen.

Lammhack-Souflaki

Einfach – aus Griechenland

Zubereitungszeit: 30 Min.

Marinierzeit: 12 Std.

- 50 ml Olivenöl
- 2 EL Rotwein
- 2 EL Zitronensaft
- 3 Knoblauchzehen, fein gehackt
- 1/2 TL Thymianblättchen
- 400 g Lammschulter, in Würfel geschnitten
- Salz, Pfeffer aus der Mühle
- 12 kleine Schalotten, geschält

1. Olivenöl, Rotwein, Zitronensaft, Knoblauch und Thymian gut mischen. Das Lammfleisch in dieser Marinade etwa 12 Stunden ziehen lassen.

2. Das Fleisch aus der Marinade nehmen, mit Salz und Pfeffer würzen, zweimal durch die feine Scheibe des Fleischwolfs drehen und anschließend etwa 5 Minuten intensiv kneten.

3. Aus der Fleischmasse walnussgroße Bällchen formen und abwechselnd mit den Schalotten auf Holzspieße stecken. Auf dem Grill etwa 12 Minuten unter Wenden vorsichtig braten.

Zum Lammhack-Souflaki schmeckt auf dem Grill geröstetes Pitabrot und ein Tsatsiki-Dip. Probieren Sie als Getränk einmal Ayran: Magerjoghurt, das man mit sprudelndem Mineralwasser auffüllt.

Geflügelleberterrine „Normandie"

Etwas schwieriger – aus Frankreich

Zubereitungszeit: 40 Min.

Kühlzeit: 30 Min.

250 g Geflügelleber, von Fett und Sehnen befreit
130 g Butter
120 g Schalotten, gewürfelt
80 g Apfelwürfel, ohne Schale
Salz, Pfeffer aus der Mühle
20 ml Calvados
1 Baguette
einige Chicoréeblätter zum Garnieren
Apfelspalten zum Garnieren

1. Die Geflügelleberstücke vorsichtig bei milder Hitze in der aufgeschäumten Butter braten. Sobald sie ringsum angebraten sind, die Schalotten und die Apfelwürfel zugeben, kurz mitschwitzen. Salzen und pfeffern.

2. Den Calvados darüber gießen und zum Flambieren sofort anzünden. Die Pfanne vom Herd nehmen, den Inhalt in einen hohen Rührbecher füllen und sofort zum Abkühlen etwa 30 Minuten in den Kühlschrank stellen.

3. Die durchgekühlte Masse mit dem Mixstab pürieren. Sie muss cremig und streichfähig sein.

4. Das Baguette in Scheiben schneiden und toasten. Mit zwei Esslöffeln Nocken aus der Terrinenmasse formen und mit einem Chicoréeblatt auf die getoasteten Baguettescheiben legen. Mit je 1 Apfelspalte garnieren.

Dazu passt ein Cidre aus der Normandie (ein leicht moussierender französischer Apfelwein mit wenig Alkohol).

Tipp:

Man benötigt reichlich Butter zum Braten der Leber, da die Butter nach dem Erkalten die cremige Bindung schafft. Ein weiterer Vorteil: Die Butter nimmt schon beim Braten das Leberaroma an. Wichtig ist, die Butter nicht übermäßig zu erhitzen, damit sie nicht verbrennt.

nchois
és

Fisch und Meeresfrüchte

Miesmuscheln im Wurzelsud

Einfach – preiswert

Zubereitungszeit: 1 Std.

- 2,5 kg Miesmuscheln
- 150 g Möhren, in Streifen geschnitten
- 100 g Sellerie, in Streifen geschnitten
- 100 g Lauch, in Streifen geschnitten
- 50 g Fenchel, in Streifen geschnitten
- 125 ml Olivenöl extra vergine
- 1 Knoblauchzehe, zerdrückt
- 1 TL Currypulver
- 500 ml trockener Weißwein
- 1 Bund gehackte Petersilie

1. Die Muscheln von den Pocken und Bärtchen befreien und gut unter fließendem Wassersäubern.

2. Die fein geschnittenen Gemüsestreifen in einem Topf in dem Olivenöl andünsten, dann den Knoblauch sowie das Currypulver zufügen.

3. Den Weißwein auffüllen, einmal aufkochen und sofort die Muscheln darauf geben. Den Topf verschließen und bei milder Hitze etwa 8 Minuten garen. Dabei ab und zu umrühren.

4. Die Muscheln in große tiefe Teller füllen und die gehackte Petersilie darüber streuen.

Reichen Sie zu den Muscheln frisches Baguette und einen trockenen Weißwein, z. B. einen Entre-deux-Mers aus dem Bordeaux.

Variation:

Aus der Muschelbrühe lässt sich mit etwas Sahne und hellem Saucenbinder ein feines Süppchen zubereiten.

Muscheln

Die Muscheln gehören zu der Gruppe der Schalentiere. Sie besitzen zwei Schalenhälften, die an einem Gelenk, dem Schloss, zusammengewachen sind. In den Schalen befinden sich die essbare Muskulatur und die Kiemen, die so genannten Bärtchen, mit denen die Tiere die Nahrung aus dem Wasser filtern. Muscheln sollten vor dem Kochen gründlich mit einer harten Bürste gesäubert und von den Bärtchen befreit werden. Neben den relativ teuren Arten wie den Austern und Jakobsmuscheln sind vor allem die preiswerteren Mies- oder Pfahlmuscheln im Angebot.

Frische Muscheln werden vor allem in der kalten Jahreszeit angeboten – in den Monaten mit „r" – und schmecken in dieser Zeit auch am besten. Durch die heutigen Zucht- und Kühlmöglichkeiten bekommt man aber fast alle Arten ganzjährig.

Frische Muscheln haben geschlossene Schalen. Drückt man geöffnete Muscheln zu und bleiben sie anschließend geschlossen, so sind sie noch lebendig und gesund. Bleiben sie offen, sind die Tiere tot und müssen aussortiert werden. Ebenso sollte man Muscheln aussortieren, die sich beim Kochen nicht öffnen.

Miesmuscheln am Spieß

Etwas schwieriger

Zubereitungszeit: $1\,^1/_2$ **Std.**

Remoulade:

200 g Mayonnaise (Fertigprodukt)
80 g Delikatessgurke, sehr fein gewürfelt
50 g Kapern, fein gehackt
2 Sardellenfilets, abgespült und fein gehackt
3 EL Petersilie, feingehackt
1 TL Kerbel, fein gehackt
1 TL Estragon, fein gehackt
1 TL Senf
Salz, Pfeffer aus der Mühle

Außerdem:

Rezept Miesmuscheln im Wurzelsud (S. 20)
1 Salz, Pfeffer aus der Mühle
1 Kastenweißbrot vom Vortag
1 Ei, verquirlt
100 g Butter

1. Für die Remoulade die Mayonnaise in eine Schüssel füllen und die vorbereiteten Zutaten unterrühren. Alles glattrühren, mit etwas Gurkenwasser sowie Salz und Pfeffer abschmecken.

2. Die Miesmuscheln wie auf S. 20 beschrieben zubereiten. Aus den Schalen lösen und auf Holzspieße stecken. Leicht mit Salz und Pfeffer würzen.

3. Eine Scheibe vom Kastenweißbrot abschneiden, einen Rührbesen in die Brotkrume drehen und das Brot aushöhlen. Es entstehen feine, weiße Brösel.

4. Die Muschelspieße erst im Ei, dann in den Bröseln wenden. Die Butter erhitzen, bis sie schaumig ist, und die Spieße darin goldbraun braten. Mit der selbst gemachten Remoulade servieren.

Zu den Miesmuscheln am Spieß passt ein leichter Weißwein, z. B. ein Grauburgunder, sowie ein frischer gemischter Salat.

Grünmuscheln in Kokos-Safran-Sauce
Einfach

Zubereitungszeit: 1 1/2 Std.

- 2 Dosen Safranfäden (à 1 mg)
- 100 ml Hühnerbrühe (Instant)
- 100 ml trockener Weißwein
- 4 TL gehackte glatte Petersilie
- 1/4 TL rote Pfefferschote, fein gehackt
- 1/4 TL Zitronenpfeffer
- 200 ml Kokosmilch (a. d. Dose)
- 2 EL Speisestärke
- 20 Neuseeländische Grünmuscheln (TK), aufgetaut

1. Das Safranpulver und die Hühnerbrühe in einem Topf aufkochen lassen. Vom Herd ziehen und den Wein, 2 Teelöffel gehackte Petersilie, die Pfefferschote sowie den Zitronenpfeffer dazugeben und gut umrühren.

2. Den Sud wieder erhitzen und zur Hälfte einkochen lassen. Nun die Kokosmilch zufügen.

3. Die Speisestärke mit der gleichen Menge kalten Wassers anrühren und unter Rühren in den Sud geben. Den Sud damit andicken, bis er leicht sämig ist.

4. Die Muscheln in die Sauce geben, den Deckel auf den Topf legen und die Muscheln darin kurz erhitzen.

5. Die Muscheln in ihren Schalen auf einer Platte anrichten und mit der restlichen gehackten Petersilie bestreuen. Man isst eine Muschelschale leer und benutzt die leere Schale als Zange zum Entnehmen der anderen Muscheln.

Dazu passt frisches Weißbrot und ein trockener Weißwein aus Neuseeland.

Grundrezept Sushi-Reis

Einfach – aus Japan

Zubereitungszeit: 30 Min.

Einweichzeit: 30 Min.

- 100 g japanischer Reis (ersatzweise Milchreis)
- 1 Stück Kombu (Blatt-Tang), ca. 2 x 2 cm
- 1 Grundrezept Sushi-Sauce (siehe rechts)

1. Den Reis unter fließendem Wasser waschen und dann in einen Topf geben.

2. Etwa 300 ml Wasser darauf gießen, den Blatt-Tang zugeben und 30 Minuten einweichen. Dann alles zum Kochen bringen, die Temperatur zurückschalten und den Reis nur köcheln lassen, bis er das Wasser aufgesogen hat. Die Temperatur so klein wie möglich stellen und den Reis etwa 15 Minuten ziehen lassen, dann den Blatt-Tang entfernen.

3. Den Reis in ein flaches Gefäß umfüllen und sofort die Sushi-Sauce darüber verteilen und gut durchheben. Den Reis auf Zimmertemperatur abkühlen lassen, bevor er weiterverarbeitet wird (siehe Rezept Nigiri-Sushi, S. 27).

Grundrezept Sushi-Sauce

Einfach – aus Japan

Zubereitungszeit: 15 Min.

- 3 EL Reisessig oder Weinessig
- 50 g Zucker
- 10 g Salz
- 30 ml süßer Sake (Reiswein), ersatzweise Sherry
- 1/2 TL Glutamat

1. Alle Zutaten bis auf das Glutamat in einem Topf zum Kochen bringen, dann das Glutamat unterrühren.

2. Den Topf sofort vom Herd ziehen und die Sauce auf Zimmertemperatur abkühlen lassen.

Tipps:

Glutamat ist ein Geschmacksverstärker, der keinen Eigengeschmack besitzt, sondern das Aroma anderer Zutaten verstärkt. Manche Menschen reagieren auf Glutamat empfindlich – in diesem Fall lassen Sie es einfach weg.

Wenn man Sushi mag, sollte man diese Sauce in größerer Menge herstellen. Sie ist in einem verschlossenen Gefäß im Kühlschrank lange haltbar.

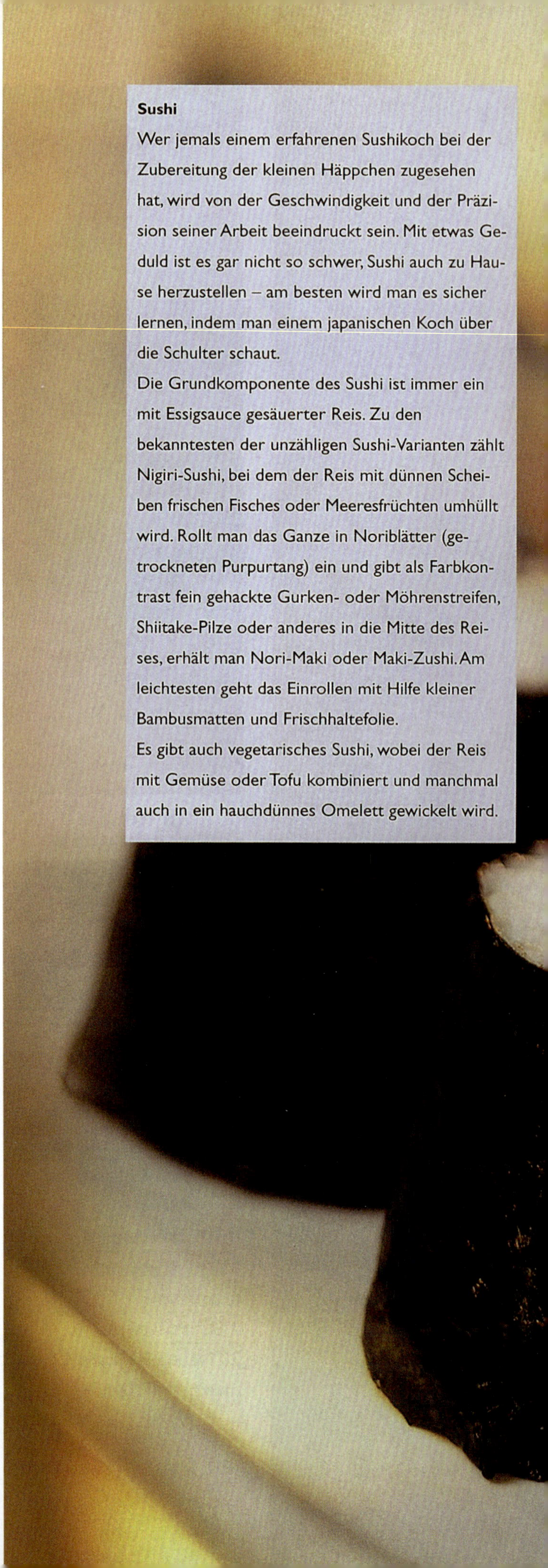

Sushi

Wer jemals einem erfahrenen Sushikoch bei der Zubereitung der kleinen Häppchen zugesehen hat, wird von der Geschwindigkeit und der Präzision seiner Arbeit beeindruckt sein. Mit etwas Geduld ist es gar nicht so schwer, Sushi auch zu Hause herzustellen – am besten wird man es sicher lernen, indem man einem japanischen Koch über die Schulter schaut.

Die Grundkomponente des Sushi ist immer ein mit Essigsauce gesäuerter Reis. Zu den bekanntesten der unzähligen Sushi-Varianten zählt Nigiri-Sushi, bei dem der Reis mit dünnen Scheiben frischen Fisches oder Meeresfrüchten umhüllt wird. Rollt man das Ganze in Noriblätter (getrockneten Purpurtang) ein und gibt als Farbkontrast fein gehackte Gurken- oder Möhrenstreifen, Shiitake-Pilze oder anderes in die Mitte des Reises, erhält man Nori-Maki oder Maki-Zushi. Am leichtesten geht das Einrollen mit Hilfe kleiner Bambusmatten und Frischhaltefolie.

Es gibt auch vegetarisches Sushi, wobei der Reis mit Gemüse oder Tofu kombiniert und manchmal auch in ein hauchdünnes Omelett gewickelt wird.

Großes Foto rechts: Die fertigen Maki-Zushi können mit Sojasauce serviert werden, in die man Wasabi nach Geschmack gibt.

Herstellung von Maki-Zushi: Auf die Bambusmatte gibt man die Noriblätter, streicht darauf den Sushi-Reis glatt und legt die Füllung in die Mitte.

Anschließend rollt man das Ganze mit Hilfe der Bambusmatte vorsichtig auf, ohne zu sehr zu drücken.

Das Röllchen wird in einige Zentimeter lange Stücke geschnitten. Man sollte dafür ein sehr scharfes Messer verwenden.

Den Reis zu einer länglich-ovalen Rolle formen.

Die Fischstücke mit Wasabi bestreichen.

Die Sushi-Röllchen mit einer Lauchschleife verschließen.

Nigiri-Sushi

Etwas schwieriger – aus Japan

Zubereitungszeit: 45 Min.

400 g frisches Lachsfilet am Stück
1 Rezept Sushi-Reis (siehe S. 24)
Wasabi (grüne Meerrettichpaste)
12 Streifen Lauch, ca. 8 cm lang, blanchiert
milde Sojasauce nach Geschmack

1. Das Lachsfilet schräg in dünne Scheiben (ähnlich wie beim Räucherlachs) und diese in Rechtecke von 6 x 8 cm Größe schneiden. Man kann dies auch vom Fischhändler erledigen lassen.

2. Die Hände anfeuchten, damit der Reis nicht an der Haut kleben bleibt. In eine Hand etwa 1 Esslöffel Reis geben und zu einer länglich-ovalen Rolle formen *(Step 1)*.

3. Jeweils 1 Fischrechteck mit etwas Wasabi *(Step 2)* bestreichen und mit der Wasabiseite nach unten über die Reisrolle legen und anrücken, so dass sie ganz bedeckt ist. (Achtung, der Wasabi ist sehr scharf!)

4. Je 1 Lauchstreifen vorsichtig um das Sushiröllchen wickeln und mit einer Schleife verschließen *(Step 3)*. Die Sojasauce dazu reichen.

Tipp:

Man kann auch Thunfisch, Schnapper oder anderen Fisch verwenden – ganz nach Geschmack. Nur eins ist wichtig: Der Fisch muss ganz frisch sein.

Großes Foto: Nigiri-Sushi

Rilette von zweierlei Lachs und seinem Kaviar

Etwas schwieriger

Zubereitungszeit: 1 1/2 Std.

200 g Lachsfilet, in Stücke geschnitten
300 g Fischfond (a. d. Glas)
1 Bund Dill, fein gehackt
150 g Räucherlachsabschnitte, fein gehackt
120 g Butter
1 EL Olivenöl
abgeriebene Schale von 1/2 unbehandelten Zitrone
Salz, Pfeffer aus der Mühle
Toastbrot
Dillsträußchen zum Garnieren
1 Gläschen Lachskaviar

1. Den Lachs in dem Fischfond etwa 8 Minuten pochieren. Herausnehmen und kalt stellen.

2. Den Dill mit den Räucherlachsabschnitten und der Butter im Rührbecher mit dem Mixstab kurz zu einer cremigen Masse rühren.

3. Den pochierten Lachs und das Olivenöl zugeben und mit einer Gabel vermengen. Mit Zitrone, Salz und Pfeffer würzen und kühl stellen.

4. Einige Brotscheiben toasten und rund ausstechen. Die Rilette darauf streichen und mit Lachskaviar und je 1 Dillsträußchen garnieren.

Garnelen & Co.

Wer ist wer bei den Krustentieren? Bei der Bezeichnung dieser gepanzerten Delikatessen aus dem Meer herrscht oftmals eine große Sprachverwirrung: Was unterscheidet eigentlich die Garnele von der Krabbe oder Gamba – oder verbirgt sich hinter den drei Bezeichnungen etwa dasselbe Tier? Der biologisch korrekte Name der Garnele ist „garnelenartiger Langschwanzkrebs" – es handelt sich bei den Tierchen also um kleine Meereskrebse mit langem Schwanz. Garnelen sind auch unter dem Namen Krevetten oder Shrimps im Handel. Je nach ihrer Größe und ihrem Herkunftsort tragen sie unterschiedliche Namen: Die Nordseegarnele (oft fälschlich als Nordseekrabbe bezeichnet) wird im Wattenbereich der Nordsee gefischt; die Tiefsee-Garnele, auch Grönland-Garnele oder Shrimp genannt, lebt in den Tiefen der Meere und schmeckt am besten, wenn sie aus Kaltwassergebieten kommt. Ihre größere Verwandte aus dem Süden, die Riesen-Garnele, ist auch als King-Prawn oder Gamba im Handel. Oft verwechselt werden die Garnelen mit dem kleinen Verwandten des Hummers, dem Kaisergranat oder Scampo, der manchmal unter dem – falschen – Namen Hummerkrabbe oder Riesengarnele angeboten wird. Die Krabbe dagegen ist ein zehnfüßiger Kurzschwanzkrebs mit Scheren und breitem Körper, der seinen kleinen Schwanz unter dem Körper eingeschlagen trägt. Ihr kann man schon einmal beim Strandspaziergang begegnen – nicht aber der Garnele, die sich im Wasser schwimmend fortbewegt.

Der großkörnige Lachskaviar wird auch als Ketakaviar bezeichnet. Er hat ein feines Aroma.

King-Prawn-Sticks

Einfach – aus Asien

Zubereitungszeit: 30 Min.

Marinierzeit: 3 Std.

- 1 Knoblauchzehe
- 1 Zwiebel
- 2 EL Olivenöl
- 1 TL Ingwer, frisch gerieben
- 1 TL Limettenschale, fein gerieben
- $^1/_2$ TL Wasabi (grüne Meerettichpaste)
- 16 Riesengarnelen (King Prawns), geschält und entdarmt

1. Den Knoblauch und die Zwiebeln schälen und fein hacken. Das Olivenöl in einer Pfanne leicht erhitzen, den Knoblauch und Zwiebeln zugeben und dünsten, bis die Zwiebeln glasig sind. Den Ingwer, Limette und Wasabi einrühren, kurz erwärmen und alles in eine Schale füllen.

2. Garnelen zugeben und mit der Marinade vermengen oder diese einmassieren, dann etwa 3 Stunden kühl stellen.

3. Jeweils 4 Garnelen auf das obere Drittel von Bambusspießen stecken und bei mittlerer Hitze etwa 5 Minuten grillen. Direkt von Spieß essen.

Die King-Prawn-Sticks werden in eine pikante Marinade eingelegt und dann gegrillt.

Ananas-Garnelen-Spieß mit Kokos-Bananen-Dip

Einfach – aus Asien

Zubereitungszeit: 1 Std.

Spieße:

- 1 Babyananas
- 16 Garnelen, geschält und entdarmt
- Pfeffer aus der Mühle
- 1 EL Zitronensaft

Dip:

- 1 Banane
- 150 ml Kokosmilch (a. d. Dose)
- 3 EL Kokosflocken
- 1 TL Currypulver

1. Die Babyananas vierteln, den harten Strunk abschneiden und aus jedem Viertel das Fruchtfleisch am Stück herausschneiden. Die Viertel jeweils in 3 Stücke schneiden.

2. Die Fruchtstücke und die Garnelen abwechselnd auf Holzspieße stecken. Das Ganze pfeffern und den Zitronensaft darüber träufeln.

3. Die Banane in Stücke schneiden und mit der Kokosmilch im Mixstab pürieren, Kokosflocken und Curry unterrühren.

4. Die Garnelen bei mittlerer Hitze etwa 5 Minunten grillen. Den Kokos-Bananen-Dip in Schälchen dazu reichen.

Umhüllt und belegt

Crostini con Crema di Tonno „Diavolo"

Einfach – pikant – aus Italien

Für 16 Stück

Zubereitungszeit: ca. 30 Min.

200 g Thunfisch (a. d. Dose)
25 g Kapern
4 eingelegte Sardellenfilets
125 g schwarze Oliven
50 ml Olivenöl extra vergine und Olivenöl zum Rösten
1 rote Chilischote
1 kleines Baguette

1. Den Thunfisch in einem Sieb abtropfen lassen. Die Kapern und die Sardellenfilets abspülen und trockentupfen. Die Oliven entsteinen.

2. Die vorbereiteten Zutaten in einen Blitzhacker oder einen Mixer füllen und nicht zu fein pürieren. In eine Schale geben und 50 ml Olivenöl tropfenweise unterrühren, bis die Masse eine cremige Konsistenz hat. Die Chilischote entkernen und in Ringe schneiden.

3. Das Brot in Scheiben schneiden, in Olivenöl in einer Pfanne knusprig rösten und mit Küchenkrepp abtupfen. Die Thunfischcreme auf das Brot streichen und mit Chiliringen garnieren.

Zu den scharfen Thunfisch-Crostini passt ein kräftiger Rotwein, z. B. ein Chianti classico.

Die Crostini con Erbe e Pomodori schmecken am besten, wenn man sie mit sonnengereiften Tomaten und Freiland-Kräutern zubereitet.

Crostini con Erbe e Pomodori

Einfach – aus Italien – vegetarisch

Für 16 Stück

Zubereitungszeit: 30 Min.

Zeit zum Durchziehen: 1 Std.

1 Topf Basilikum
40 ml Olivenöl extra vergine und Olivenöl zum Rösten
6 Flaschentomaten
2 Knoblauchzehen, fein gehackt
Salz, Pfeffer aus der Mühle
2 EL fein gehackte Petersilie
$^1/_2$ TL fein gehackter Oregano
1 kleines Baguette

1. 10–15 Blatt Basilikum in nicht zu feine Streifen schneiden, in eine Schale geben und das Öl darübergießen. Gut 1 Stunde bei Zimmertemperatur ziehen lassen.

2. Währenddessen die Tomaten an der Spitze über Kreuz einritzen und für etwa 15 Sekunden in kochendes Wasser tauchen. Aus dem Wasser nehmen und sofort kalt abspülen, enthäuten und den Stielansatz herausschneiden. Die Tomaten halbieren und die Kerne entfernen. Das Tomatenfleisch in Würfel schneiden.

3. Die Tomatenwürfel in einem feinmaschigen Sieb vorsichtig auspressen, damit sie etwas trockener werden. In eine Schale füllen, den Knoblauch zufügen und das Olivenöl mit dem Basilikum darübergießen. Mit Salz und Pfeffer würzen und zuletzt die übrigen Kräuter unterrühren.

4. Das Brot in Scheiben schneiden, in Olivenöl in einer Pfanne knusprig rösten und mit Küchenkrepp abtupfen. Jeweils ein Löffel von dem Tomatenhack auf eine Röstbrotscheibe geben und mit je 1 Basilikumblättchen garniert servieren.

Crostini con Crema di Olive

Einfach – aus Italien

Für 16 Stück

Zubereitungszeit: 30 Min.

- 500 g schwarze Oliven
- 6 Sardellenfilets
- 50 g Kapern
- 5 Knoblauchzehen
- 70 ml Olivenöl extra vergine und Olivenöl zum Rösten
- Pfeffer aus der Mühle
- Saft von 1 Limette
- 1 kleines Baguette

1. Die Oliven entsteinen. Die Sardellen und die Kapern abspülen und trockentupfen. Den Knoblauch schälen und in grobe Stücke schneiden.

2. Oliven, Sardellen, Kapern und Knoblauch in einem Blitzhacker oder Mixer nicht zu fein pürieren. In eine Schale umfüllen und nun tropfenweise das Öl unterrühren, bis die Masse eine cremige Konsistenz hat. Mit Limettensaft und Pfeffer abschmecken.

3. Das Brot in Scheiben schneiden, in Olivenöl in einer Pfanne knusprig rösten und mit Küchenkrepp abtupfen. Die Olivencreme auf das Brot streichen.

Tipp:

Diese Paste lässt sich in einem verschlossenen Gefäß wunderbar einige Tage im Kühlschrank aufbewahren.

Bruschette und Crostini ...

... haben ihren Ursprung in der toskanischen Küche, wo Brot eine wichtige Rolle spielt. Traditionell wird das Brot über Holzkohle gegrillt, dann mit Knoblauch eingerieben und Olivenöl beträufelt. Am heimischen Herd bereitet man Bruschette und Crostini am besten zu, indem man die Brotscheiben in der Pfanne in Olivenöl röstet, in das man eine halbierte Knoblauchzehe gibt. Die Bruschetta wird mit toskanischem Bauernbrot zubereitet, das man in dicke Scheiben schneidet. Man kann ersatzweise ein Mischbrot mit rustikaler Kruste verwenden. Die Crostini sind die kleineren und feineren Verwandten der Bruschette. Für sie nimmt man am besten Baguette oder Kaviarbrot. Wichtig ist, die knusprigen Brote unmittelbar nach dem Rösten zu belegen und zu servieren, damit sie nicht durchweichen.

Hinten links: Crostini con Erbe e Pomodore; im Vordergrund: Pilzragout; rechts: Crostini mit Tomaten-Ragout

Crostini mit Tomatenragout

Einfach – aus Italien – vegetarisch

Für 16 Stück

Zubereitungszeit: 30 Min.

150 g Kirschtomaten
2 Schalotten
1 Knoblauchzehe
30 ml Olivenöl und Olivenöl zum Rösten
Salz, Pfeffer aus der Mühle
1 kleines Baguette
Basilikumblätter zum Garnieren

1. Die Kirschtomaten halbieren. Die Schalotten und den Knoblauch schälen, Schalotten würfeln und Knoblauch fein hacken. Die Schalotten in 30 ml Olivenöl glasig schwitzen, den Knoblauch zufügen.

2. Die Kirschtomaten darin nur ganz kurz schwenken, bis sie heiß sind, dann salzen und pfeffern.

3. Das Brot in Scheiben schneiden, in Olivenöl in einer Pfanne knusprig rösten und mit Küchenkrepp abtupfen. Die Crostini mit dem Tomatenragout belegen und mit Basilikum garnieren.

Crostini mit Pilzragout

Einfach – aus Italien – vegetarisch

Für 16 Stück

Zubereitungszeit: 30 Min.

16 Scheiben Toastbrot
4 EL Olivenöl
2 Schalotten, gewürfelt
40 g Butterschmalz
300 g Waldpilze, geputzt und in Scheiben geschnitten
Salz, Pfeffer aus der Mühle
1 EL Balsamicoessig
Kerbelblättchen zum Garnieren

1. Aus dem Toastbrot mit verschiedenen Ausstechern Formen ausstechen. Die Brotstücke in heißem Olivenöl rösten, herausnehmen und warm halten.

2. Die Schalotten und das Butterschmalz zum Öl in die Pfanne geben. Die Schalotten glasig dünsten und herausnehmen.

3. Das Fett wieder erhitzen und nun die Pilze darin unter Rühren braten. Die Schalotten wieder dazugeben, mit Salz und Pfeffer würzen und mit dem Balsamico abschmecken.

4. Jeweils 1 Esslöffel des Pilzragouts auf 1 Crostini geben und mit Kerbelblättchen garniert servieren.

Variationen:

Der Phantasie beim Abwandeln der Crostini mit Kräutern und Tomaten (Rezept S. 33) und der Crostini mit Tomaten-Ragout sind keine Grenzen gesetzt. Legen Sie auf das Tomatenhack ein paar Pinienkerne oder Käse (Mozzarella, Gorgonzola, Parmesan). Salami, Parmaschinken, Mortadella oder ein Blättchen Rucola, Radicchio und Salbei passen ebenfalls sehr gut dazu.

Pumpernickel mit Roquefortcreme

Einfach – vegetarisch

Für 12 Stück

Zubereitungszeit: 30 Min.

12 Scheiben runde Pumpernickel
30 g Butter
250 g Roquefort (oder ein anderer Blauschimmelkäse)
1 Avocado, geschält und entkernt
25 g süße Sahne
Pfeffer aus der Mühle
1 Beet Kresse

1. Die Pumpernickeltaler leicht buttern.

2. Den Roquefort und 70 g des Avocadofleischs nacheinander durch ein Sieb streichen. Beide Massen sollten die gleiche Temperatur haben, am besten Zimmertemperatur.

3. Roquefort und Avocado mit der Sahne verrühren und mit Pfeffer abschmecken. Die Creme muss so fest sein, dass sie sich mit einem Dressierbeutel zu Rosetten spritzen lässt.

4. Die gebutterten Pumpernickeltaler mit je 1 Rosette der Käsecreme bespritzen.

5. Aus der restlichen Avocado mit einem Kartoffelausstecher kleine Kugeln ausstechen und auf die Käserosette drücken. Mit kleinen Kressesträußchen garnieren.

Variation:

Eine kleine Birne schälen und in 12 Scheiben schneiden. 40 g Butter in einer Pfanne aufschäumen. Die Birnenscheiben in 60 g Zucker wälzen und in das heiße Fett geben. Ab und zu wenden, bis sie karamellisieren. Auf Backpapier auskühlen lassen. Die Pumpernickeltaler mit Roquefortcreme bespritzen und mit den karamellisierten Birnen und 12 Walnusshälften garnieren.

Canapés mit Schweinemedaillon

Einfach – klassisches Rezept

Für 4 Stück

Zubereitungszeit: 30 Min.

- 4 Scheiben Baguette, leicht gebuttert
- 4 Salatblätter
- 8 Scheiben Schweinefilet à 30 g, in Butterschmalz gebraten
- Eigelbgrundmasse (S. 78)
- 1 Radieschen (oder 4 Mandarinenschnitze a. d. Dose oder 4 Physalis)

1. Die gebutterten Baguettescheiben auf einer Hälfte mit den Salatblättchen belegen.

2. Je 2 Filetscheibchen dachziegelartig auf die freie Seite der Brotscheiben legen.

3. Die Eigelbmasse in einen Dressierbeutel mit gezackter Tülle füllen und je 1 Rosette auf die Filetscheiben spritzen.

4. Das Radieschen in 4 exakte Scheiben schneiden. Je 1 Scheibe in die Eigelbrosette stecken. Wahlweise stattdessen mit Mandarinen oder Physalis ausgarnieren.

Canapés

Die appetitlich dekorierten Schnittchen sind Klassiker auf dem kalten Buffet. Besonders dekorativ sehen sie aus, wenn man aus dem Brot mit Ausstechern Rauten, Kreise, Sterne oder andere Formen aussticht. Dafür eignen sich am besten Toastbrot oder Pumpernickel. Rechnen Sie für einen Empfang drei bis fünf Canapés pro Person.

Canapés mit Tartar

Einfach – klassisches Rezept

Zubereitungszeit: 30 Min.

Für 4 Stück

- 100 g Rinderhackfleisch (Tartar)
- Salz, Pfeffer aus der Mühle
- 1 TL Olivenöl extra vergine
- 4 Scheiben Baguette, leicht gebuttert
- 4 kleine Sardellenfilets, abgespült
- 12 kleine Kapern, abgetropft
- 1 Schalotte, in Ringe geschnitten
- 2 Cornichons

1. Das Tartar mit Salz und Pfeffer würzen und mit dem Olivenöl vermengen.

2. Die Masse vierteln und jeweils auf die gebutterten Baguettes gleichmäßig verteilen. Mit einem Messerrücken ein Gitternetz hineindrücken.

3. Aus den Sardellenfilets Ringe formen, auf die Baguettes verteilen und mit Kapern füllen. Die Schalottenringe darum herum legen.

4. Die Cornichons längs halbieren, die Hälften in Fächer aufschneiden und auf die noch freie Fläche der Baguettescheibe legen.

Canapés mit gebratener Geflügelbrust und Mango

Einfach – klassisches Rezept

Für 4 Stück

Zubereitungszeit: 30 Min.

4 kleine Blätter Lollo Rosso
4 Scheiben Baguette, leicht gebuttert
4 TL Gewürzketchup
1 Poulardenbrust mit Haut, gebraten
4 Scheiben von einer Mango

1. Jeweils 1 Salatblatt auf eine Hälfte der Baguettescheibe legen, es kann ruhig etwas überstehen. Etwas Gewürzketchup auf den Broten verteilen.

2. Die Poulardenbrust mit einem Messer sehr schräg in Scheiben schneiden und jeweils 2 Scheiben dachziegelartig auf eine Brotscheibe legen. Mit jeweils 1 Mangospalte ausgarnieren.

Canapés mit Schinkenrührei

Einfach – klassisches Rezept

Für 4 Stück

Zubereitungszeit: 30 Min.

4 Scheiben Baguette, leicht gebuttert
4 kleine Salatblätter
20 g Butterschmalz
30 g Kochschinken, gewürfelt
2 Eier (M), verquirlt
1 TL Schnittlauchröllchen
8 Schnittlauchhalme zum Garnieren

1. Auf die Brotscheiben je 1 Salatblättchen legen.

2. In einer Bratpfanne das Butterschmalz erhitzen und die Kochschinkenwürfel darin kurz anbraten, dann sofort das Ei mit dem Schnittlauch zugießen. Mit einem Kochlöffel den äußeren Rand der bereits gestockten Eimasse zur Pfannenmitte schieben, so läuft das noch flüssige Ei zum Pfannenrand und stockt ebenfalls. Auf diese Weise wird das Rührei schön faltig und glänzt auf der Oberfläche. Die Pfanne dabei nicht überhitzen.

3. Die Pfanne mit dem fertigen Rührei abkühlen lassen und anschließend mit einem Ausstecher runde Eiplätzchen ausstechen und auf das Brot legen. Die Schnittlauchhalme über Kreuz darauf legen.

Die Möglichkeiten beim Belegen der Canapés sind unbegrenzt. Auf dem Foto sehen Sie zwei weitere Variationen. Links: Canapé mit Tartar, Oliven und Radieschen; rechts: Canapé mit Schafskäse, ausgarniert mit Oliven, roter Paprika, Kapern und Petersilie.

Canapés mit Gravad Lax

Einfach – klassisches Rezept

Für 8 Stück

Zubereitungszeit: 30 Min.

8 Scheiben Baguette, leicht gebuttert	
8 Blätter Eichblattsalat	
8 TL Senf-Dill-Sauce (in der Lachs-Packung enthalten)	
8 Scheiben Gravad Lax (150 g-Packung aus dem Tiefkühlregal)	
2 Limettenscheiben	
8 Dillsträußchen	

1. Auf die gebutterte Brotscheibe je 1 Salatblatt legen und dieses mit der Senf-Dill-Sauce beträufeln.

2. Je 1 Scheibe des vorgeschnittenen Lachs' schön gefaltet auf das Brot legen, so dass es komplett belegt ist und nur ein Teil des Salatblattes hervorschaut.

3. Die Limettenscheiben in Viertel schneiden und die Brote mit je 1 Limettenviertel und 1 Dillsträußchen garnieren.

Grundrezept Tortillateig für Nachos

Etwas schwieriger – aus Mexiko

Für 10–12 Tortillas à 12–15 cm Ø

Zubereitungszeit: 30 Min.

175 g	Maismehl (Masa harinha, aus dem Spezialgeschäft)
1 TL	Salz
	Fett zum Frittieren
	etwas Salz

1. Maismehl und Salz in einer Rührschüssel vermengen, dann nach und nach 250 ml Wasser zugeben und kräftig durchkneten. Wenn das Wasser in den Teig eingearbeitet ist, den Teig auf die Arbeitsfläche legen und kneten, bis er nicht mehr an den Händen klebt.

2. Anschließend mit Frischhaltefolie abdecken und einige Minuten ruhen lassen.

3. Aus dem Teig 10–12 etwa 40 g schwere Kugeln formen. Die Kugeln zwischen zwei Bögen Backpapier rund auf eine Größe von etwa 15 cm und eine Dicke von 2 mm ausrollen Den Backofen auf 125 °C vorheizen.

Variation:
Bereiten Sie einen Quarkdip mit Zwiebeln zu, geben Sie 1 Löffelchen davon auf ein Nacho und als Garnitur 1 Löffelchen der Salsa cruda obenauf.

4. Eine Pfanne, in der nichts anklebt, z. B. eine Eisenpfanne, auf dem Herd leicht erhitzten, je 1 Tortilla hineingeben und in trockener Pfanne von beiden Seiten etwa 2 Minuten braten, bis sie leicht gebräunt ist.

5. Je 4–5 fertige Tortillas in Alufolie wickeln und im Backofen warm halten.

6. Möchte man Nachos zubereiten, werden die Tortillas in Dreiecke von etwa 4 cm Kantenlänge geschnitten und in heißem Fett frittiert. Anschließend leicht salzen.

Tipp:
So gelingt das Frittieren der Nachos: Erhitzen Sie das Fett in einer Fritteuse oder einem großen Topf auf 180 °C. Backen Sie die Nachos darin portionsweise aus, etwa 6 Stück auf einmal. Sie sind innerhalb weniger Sekunden goldbraun frittiert. Heben Sie die Nachos dann mit einem Schaumlöffel heraus und lassen Sie diese auf Küchenpapier gut abtropfen. Die Nachos können im voraus zubereitet und am besten in Dosen aufbewahrt werden.

Salsa Cruda

Pikant – aus Mexiko

Für etwa 12 Nachos

Zubereitungszeit: 20 Min.

500 g reife Flaschentomaten
1 mittelgroße Zwiebel
1 rote Pfefferschote (a. d. Glas), abgetropft
2 EL gehackte glatte Petersilie
Salz, Zucker, Pfeffer aus der Mühle

1. Tomaten vom Stielansatz befreien und an der Spitze über Kreuz einritzen, etwa 15 Sekunden in kochendes Wasser geben. Dann kalt abschrecken und die Haut abziehen. Tomaten halbieren und entkernen. Das Fruchtfleisch in kleine Würfel schneiden und in eine Schale geben.

2. Die Zwiebel schälen und fein würfeln, die Pfefferschote entkernen und fein hacken. Zusammen mit den übrigen Zutaten zu den Tomaten geben, gut verrühren und mit den Gewürzen abschmecken.

Tipp:

Salsa cruda passt zu gekochtem Fleisch, Geflügel, Fisch und natürlich als Dip auf Nachos.

Tortillas und Nachos

Tortillas sind dünne runde Maispfannkuchen, die aus einem besonderen Maismehl, Masa harina, zubereitet werden. Man bekommt es in Spezialitätenläden für mexikanische oder amerikanische Küche. Gefüllte Tortillas werden als Tacos bezeichnet, in Dreiecke geschnittene und frittierte Tortillas heißen Nachos.

Guacamole-Dip

Pikant – aus Mexiko

Für etwa 12 Nachos

Zubereitungszeit: 20 Min.

1 reife Avocado
2 EL Zitronensaft
2 kleine Tomaten
1 rote Zwiebel
1 große Knoblauchzehe
1 rote Chilischote
Salz, Pfeffer aus der Mühle
Paprikapulver
gemahlener Koriander

1. Die Avocado halbieren, den Kern entfernen und das reife Fruchtfleisch mit einem großen Löffel herauslösen. Anschließend mit einer Gabel fein zerdrücken. Den Zitronensaft zugeben, damit das Fruchtfleisch nicht braun wird.

2. Die Tomaten vom Stielansatz befreien und würfeln. Zwiebel und Knoblauch schälen und fein würfeln. Die Chilischote entkernen und ebenfalls fein würfeln. Alles unter das Avocadomus mischen und mit den Gewürzen abschmecken.

Tipp:

Will man den Dip auf Nachos anrichten, gibt man je 1 Löffel davon auf 1 Nacho und garniert es mit einem Tomatenkeil.

Schinken-Pastetchen „Mignon“

Etwas schwieriger – klassisches Rezept

Für 8 Pastetchen

Zubereitungszeit: 1 Std.

Kühlzeit: 35 Min.

Mürbteig:

- 500 g Mehl
- 200 g Butter
- 1 Ei (M)
- 100 g kaltes Wasser
- 7 g Salz
- 1 Eigelb

Schinkenfüllung:

- 1 frische Bratwurst
- 100 g Schweinefleisch
- 80 g fetter geräucherter Speck
- 80 g Hinterschinken
- 1 Knoblauchzehe
- 1 EL Pistazien
- Thymian, Majoran
- Salz, Pfeffer aus der Mühle

1. Alle Zutaten für den Teig in eine kalte Schüssel geben und nun zwischen den Fingern reiben, bis der Teig krümelig wird. Nun kräftiger kneten und eventuell ein paar Tropfen Wasser zugeben.

2. Den Teig zu einer Kugel formen, in Frischhaltefolie wickeln und für 30 Minuten in den Kühlschrank legen.

3. Die Bratwurst aus der Pelle in eine Schüssel drücken. Das Schweinefleisch durch die feine Scheibe des Fleischwolfs drehen. Den Speck und den Schinken fein würfeln. Den Knoblauch schälen und fein hacken. Alles mit den Pistazien und den Gewürzen zum Bratwurstbrät geben und den Fleischteig kräftig boxen.

4. Den Mürbeteig in 8 gleich große Teile teilen (am besten abwiegen) und zu kleinen Quadern formen. Für einige Minuten kühl stellen.

5. Die Mürbeteigstücke auf bemehlter Fläche zu rechteckigen Platten von etwa 4 mm Dicke ausrollen. Den Backofen auf 180 °C (Umluft) vorheizen.

6. Den Fleischteig in 8 Portionen teilen und jeweils zu 1 kleinen Laib formen. Auf die Teigplatten legen und in den Teig einschlagen. Mit den Teigenden nach unten auf ein mit Back-Trennpapier belegtes Backblech legen. Das Eigelb mit etwas Wasser verquirlen und die Teigtaschen damit einpinseln und mit einer Gabel mehrmals einstechen.

7. Die Schinken-Pastetchen im vorgeheizten Backofen auf der 2. Einschubleiste von unten 15–20 Minuten backen. Lauwarm oder kalt servieren.

Dazu passt ein kräftiger Weißwein, beispielsweise ein Chardonnay.

Mürbeteig

Mürbeteig muss immer mit kalten Zutaten auf kalter Arbeitsfläche schnell hergestellt werden. Wichtig ist, dass das Fett durch die Handwärme nicht schmilzt. Der Bäcker würde dann sagen, „der Teig ist brandig“ – er wäre nicht mürb.

Debreziner Hörnchen

Einfach – pikant – aus Ungarn

Für 16 Hörnchen

Zubereitungszeit: 35 Min.

1 Pk. TK-Blätterteig (450 g)
etwas Mehl
4 Debreziner Würstchen
1 Eigelb

1. Die Blätterteigplatten auftauen lassen und auf einer bemehlten Arbeitsfläche etwas dünner ausrollen. Daraus 8 Rechtecke von 6 x 10 cm schneiden und diese in Dreiecke halbieren.

2. Die Würstchen vierteln. Jeweils 1 Stück Wurst auf die breite Seite des Teiges legen und zur Spitze hin zusammenrollen. Den Backofen auf 180 °C (Umluft) vorheizen.

3. Die Hörnchen auf ein mit Backtrennpapier ausgelegtes Backblech legen. Das Eigelb mit etwas Wasser verquirlen und die Hörnchen damit bepinseln.

4. Die Hörnchen im vorgeheizten Backofen etwa 15 Minuten backen.

Variation:

Die Füllung kann natürlich auch mit Cocktailwürstchen, Chorizo (spanischer Paprikawurst), Landjäger oder anderen Würsten zubereitet werden.

Grundrezept Pizzateig

Einfach – aus Italien

Für 1 Backblech oder 16 Pizzen von 8–9 cm Ø

Zubereitungszeit: 30 Min.

Zeit zum Gehen: 20–30 Min.

- 400 g Mehl
- 30 g frische Hefe
- 1/2 TL Zucker
- 225 ml lauwarmes Wasser
- 5 EL Olivenöl extra vergine
- 1 TL Salz

1. Das Mehl in eine Schüssel sieben. Hefe, Zucker und Wasser verrühren und zu dem Mehl geben. Nun das Öl und das Salz zufügen. Mit einer Hand alle Zutaten mischen und verkneten, bis ein Kloß entstanden ist.

2. Den Kloß nun auf einer leicht bemehlten Arbeitsfläche intensiv etwa 8 Minuten kneten, bis er sich glatt anfühlt. Dabei immer wieder den Außenrand hochziehen und auf die Mitte drücken.

3. Wenn der Teig glatt ist, flach drücken und alle vier Seiten nach innen einschlagen, damit ein rechteckiger Teigkloß entsteht. Diesen umdrehen, auf eine mit Mehl bestäubte Fläche legen und mit einem Tuch abdecken. 20–30 Minuten gehen lassen.

4. Den Teig auf Backblechgröße ausrollen, ihn auf ein mit Backpapier belegtes Backblech legen und nach Rezept belegen.

Tipp:

Es ist wichtig, den Teig wirklich 8 Minuten zu kneten, denn erst dann entsteht eine gute Bindung und der Teig wird geschmeidig.

Grundrezept Pizzasauce

Einfach - aus Italien

Für 1 Backblech oder

16 Pizzen von 8–9 cm Ø

Zubereitungszeit: 20 Min.

1 Dose Tomaten, (480 g EW)
2 Knoblauchzehen
3 EL Olivenöl extra vergine
2 TL Oregano
Salz, Pfeffer aus der Mühle

1. Die Tomaten abtropfen lassen, gegebenenfalls Häute und Stielansatz entfernen. Das Tomatenfleisch würfeln. Die Knoblauchzehen schälen und hacken.

2. Tomaten, Knoblauch, Olivenöl, Oregano, Salz und Pfeffer in einem Topf 10–15 Minuten köcheln lassen. Die Sauce auskühlen lassen.

Pizza Margherita

Einfach – aus Italien – klassisches Rezept

Für 16 Pizzen à 8–9 cm Ø

Zubereitungszeit: 45 Min.

Zeit zum Gehen: 10 Min.

1 Grundrezept Pizzateig (S. 44)
1 Grundrezept Pizzasauce (S. 45)
400 g Büffelmozzarella
Salz
5 EL Olivenöl extra vergine
Pfeffer aus der Mühle
1 Topf Basilikum

1. Den Teig etwa 2 mm dick ausrollen und 16 runde Teiglinge ausstechen. Diese auf ein mit Backtrennpapier belegtes Backblech legen.

2. Die Teiglinge mit der Tomatensauce bestreichen. Den Mozzarella in Scheiben schneiden und darauf verteilen. Mit etwas Salz würzen und dem Olivenöl beträufeln. Den Backofen auf 220 °C vorheizen.

3. Nochmals etwa 10 Minuten bei Zimmertemperatur gehen lassen. Die Pizza im vorgeheizten Backofen bei 220 °C 10-15 Minuten backen.

4. Die Pizza aus dem Ofen nehmen und etwas Pfeffer darüber mahlen. Zuletzt je 1 frisches Basilikumblatt als Garnitur auf den geschmolzenen Mozzarella legen.

Tomaten

Die Tomate ist fast schon ein Synonym für die Küche Italiens – nicht nur für Pizza und Pasta ist sie unverzichtbar. Eine Tomatensauce, selbst zubereitet aus Tomaten, die unter der Sonne Siziliens gereift sind, schmeckt natürlich unvergleichlich. Doch auch in unseren Breiten lohnt es sich, während der Erntesaison im Sommer nach vollreifen Freilandtomaten Ausschau zu halten. Für Saucen besonders geeignet sind Flaschen- oder Eiertomaten. Außerhalb der Saison ist es ratsamer, auf Fertigprodukte in Dosen zurückzugreifen, denn aus wässrigen Treibhaustomaten lässt sich nun einmal keine aromatische Sauce zaubern. Empfehlenswert sind die als "pomodori pelati" angeboteten Produkte aus Italien, die man vor der Verarbeitung nur noch abtropfen lassen muss. Soll es einmal schneller gehen, kann die Pizza auch einfach mit Tomatenstückchen belegt werden, die als „Pizzatomaten" in Dosen oder Packungen verkauft werden. Nach Wunsch kann man sie mit Kräutern und Gewürzen abschmecken. Das Gleiche gilt für passierte Tomaten. Einen besonders würzigen Geschmack verleihen der Pizza getrocknete Tomaten. Man bekommt sie in Feinkostabteilungen der Supermärkte oder an Marktständen. Oftmals sind sie mit verschiedenen Kräutern oder Knoblauch aromatisiert. Wegen ihres sehr intensiven Geschmacks sind sie allerdings kein Ersatz für eine Tomatensauce, sondern sollten eher sparsam dosiert werden.

Mini-Calzone mit Schinken und Ziegenfrischkäse

Etwas schwieriger – aus Italien

Für 16 Calzoni

Zubereitungszeit: 45 Min.

- 200 g Ziegenfrischkäse
- 50 g Crème double
- 5 schwarze Oliven ohne Stein, gehackt
- 50 g gekochter Schinken, gewürfelt
- 5 Rosmarinnadeln, gehackt
- 20 Basilikumblätter, fein geschnitten
- 1 EL Olivenöl extra vergine
- Salz, Pfeffer aus der Mühle
- 1 Grundrezept Pizzateig (S. 44)
- 50 ml Olivenöl zum Bestreichen

1. Den Ziegenfrischkäse mit Crème double, Oliven, Schinken, Kräutern und dem Esslöffel Olivenöl verrühren und mit Salz und Pfeffer abschmecken.

2. Den Teig etwa 2 mm dick ausrollen und Teiglinge von etwa 9 cm Ø ausstechen.

3. Jeweils auf die untere Hälfte der Teiglinge einen Löffel Füllung geben, die andere Hälfte darüberklappen und mit einer Gabel die Ränder etwas zusammendrücken.

4. Den Backofen auf 180 °C vorheizen. Die Mini-Calzoni mit etwas Ölivenöl bestreichen und auf ein mit Backtrennpapier belegtes Backblech legen. Etwa 10 Minuten gehen lassen.

5. Die Calzoni im vorgeheizten Backofen auf mittlerer Einschubleiste etwa 15 Minuten backen. Heiß servieren.

Mini-Calzone „Greco"

Etwas schwieriger – aus Italien

Für 16 Calzoni

Zubereitungszeit: 45 Min.

- 100 g rote Paprika, klein gewürfelt
- 100 g gelbe Paprika, klein gewürfelt
- 1 kleine Zwiebel, fein gewürfelt
- 1 EL Olivenöl extra vergine
- 3 EL weiße Bohnenkerne (a. d. Dose)
- 1 Knoblauchzehe, gehackt
- 1 TL Tomatenmark
- 1 TL frischer Oregano
- 2 frische Minzeblättchen, gehackt
- 50 g Hartkäse oder Feta, gerieben
- Salz, Pfeffer aus der Mühle
- 1 Grundrezept Pizzateig (S. 44)

1. Die Paprika- und Zwiebelwürfel in dem erhitzten Olivenöl ganz kurz anbraten, vom Herd ziehen und nun Bohnen, Knoblauch, Tomatenmark, Kräuter und Käse zufügen. Alles kurz mischen und mit Salz und Pfeffer abschmecken.

2. Den Teig etwa 2 mm dick ausrollen und Teiglinge von etwa 9 cm Ø ausstechen.

3. Auf die untere Hälfte der Teiglinge je 1 Löffel Füllung geben, die andere Hälfte darüberklappen und die Ränder etwas zusammedrücken.

4. Den Backofen auf 180 °C vorheizen. Die Mini-Calzoni mit etwas Olivenöl bestreichen und auf ein mit Backtrennpapier belegtes Backblech legen. Etwa 10 Minuten gehen lassen.

5. Die Calzoni im vorgeheizten Backofen auf mittlerer Einschubleiste etwa 15 Minuten backen. Heiß servieren.

Zu beiden Calzoni passt ein frischer Rotwein.

Großes Foto rechts: Mini-Calzone mit Schinken und Ziegenfrischkäse

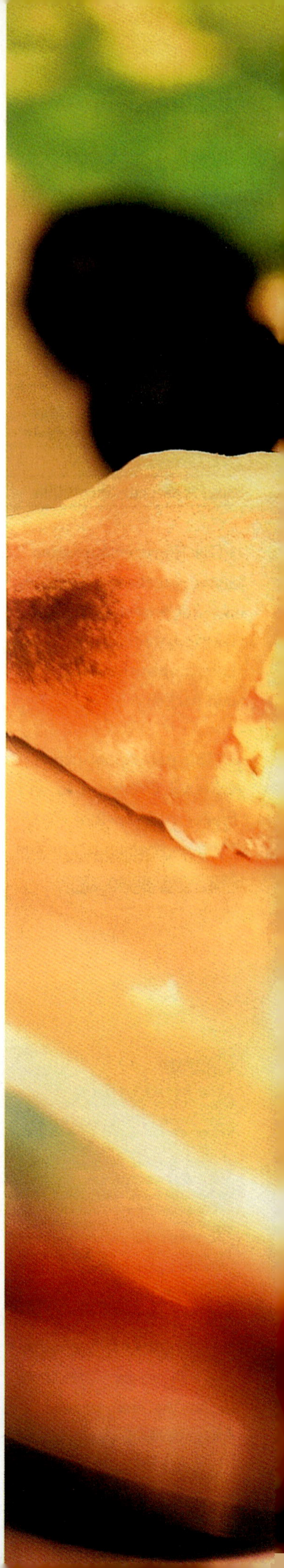

Calzone

Die Herkunft des Namens dieser Teigtaschen ist umstritten. Manche leiten ihn von „calza“ (Italienisch = Strumpf) her, andere von „calizon“, einem Laute-ähnlichen bauchigen Musikinstrument. Die Calzone ist in Mittel- und Süditalien beheimatet. In Neapel füllt man sie gerne mit Provolone, Mozzarella und Wurst oder Salami, in Apulien bilden Ricotta, Eier und Parmesan ihr Innenleben. Früher wurde sie übrigens nicht im Ofen gebacken, sondern in einer Pfanne in Schweineschmalz ausgebraten. Calzoni sind besonders saftig und schmecken warm oder kalt.

Quiche Lorraine

Einfach – klassisches Rezept – aus Frankreich

Für 12 Quiches von 12 cm Ø

Zubereitungszeit: 1 Std.

Kühlzeit: 30 Min.

Mürbteig:

500 g Mehl
200 g Butter
1 Ei (M)
100 g kaltes Wasser
7 g Salz

Belag:

120 g magerer Räucherspeck
250 ml Milch
250 g süße Sahne
5 Eier (M)
Salz, Pfeffer aus der Mühle
Muskat
80 g Gruyère

1. Alle Zutaten für den Teig in eine kalte Schüssel geben und nun zwischen den Fingern beider Hände reiben, bis der Teig krümelig wird. Nun kräftiger kneten und eventuell ein paar Tropfen Wasser zugeben. Den Teig zu einer Kugel formen, diese in Frischhaltefolie wickeln und für 30 Minuten in den Kühlschrank legen.

2. Den Speck in kleine Streifen schneiden und in einer heißen Pfanne kurz anschwitzen, herausnehmen und beiseite stellen.

3. Milch, Sahne und Eier in einer Schale verrühren. Mit Salz, Pfeffer und Muskat würzen.

4. Den Mürbteig auf bemehlter Arbeitsfläche etwa 4 mm dick ausrollen und damit 12 leicht gefettete Tartelettförmchen von etwa 12 cm ø auslegen. Überstehenden Teig abschneiden. Den Teig mit einer Gabel mehrmals einstechen, damit er beim Backen keine Blasen wirft. Den Backofen auf 220 °C vorheizen.

5. Den Speck und den geriebenen Käse auf den Teig streuen und die Sahne-Ei-Mischung darauf gießen.

6. Die Mini-Quiches im vorgeheizten Backofen etwa 12 Minuten backen. Ab und zu kontrollieren, ob sie zu dunkel werden, eventuell mit Alufolie abdecken. Die Quiches nach dem Backen aus den Förmchen stürzen und warm servieren.

Dazu schmeckt ein Glas Cremant aus dem Elsaß.

Variation:
Mit der angegebenen Menge können Sie auch eine große Quiche backen. Sie benötigen dann eine Form von 25 cm Ø. Die Backzeit beträgt etwa 30 Minuten.

Quiche Lorraine

Elsässer Flammkuchen

Einfach – klassisches Rezept – aus Frankreich

Für 8 Kuchen à 10 cm Ø

Zubereitungszeit: ca. 1 Std.

- 250 g Roggenbrotteig, vom Bäcker oder aus Backmischung
- 1 Zwiebel
- etwas Butter
- 50 g magerer Speck
- 125 g Sahnequark
- 1 Eigelb
- 1 EL Leinöl
- Salz, Pfeffer aus der Mühle
- Muskatnuss

1. Verwendet man eine Backmischung, zunächst den Teig nach Packungsanweisung zubereiten. Den Teig dünn ausrollen und mit einer Tasse oder einem Ausstecher von etwa 10 cm Ø runde Platten ausstechen und auf ein mit Backtrennpapier belegtes Backblech legen.

2. Die Zwiebel schälen, in Streifen schneiden und in etwas Butter glasig dünsten. Den Speck ebenfalls in Streifen schneiden.

3. Den Sahnequark mit Eigelb und Leinöl verrühren und mit Salz, Pfeffer und Muskat würzen. Auf jede Teigplatte etwas von der Quarkmischung streichen, dabei außen einen Rand lassen.

4. Die Zwiebel- und Speckstreifen darauf legen und das Blech etwa 10 Minuten warm stellen, damit der Teig noch ein wenig aufgehen kann. Den Backofen auf 220 °C vorheizen.

5. Die Kuchen im vorgeheizten Backofen 8–10 Minuten backen. Herausnehmen und warm servieren.

Dazu schmeckt ein Weißwein aus dem Elsaß, z. B. ein Riesling oder ein Gewürztraminer.

Variation:
Die angegebene Menge reicht für 1/2 Backblech, um einen großen Kuchen zu backen. Die Backzeit bleibt gleich.

Elsässischer Riesling

Grundrezept Filoteig
Einfach – aus der Türkei

Zubereitungszeit: 30 Min.

Zeit zum Ruhen: 45 Min.

500 g Mehl
4 EL Olivenöl
1 gestr. TL Salz
100 g Mehl zum Ausrollen
Olivenöl zum Bepinseln

1. Das Mehl mit Öl und Salz in einer Schüssel mischen, dann 100–120 ml Wasser zugeben und alles zu einem Teigkloß kneten.

2. Den Kloß auf einer bemehlten Arbeitsfläche intensiv etwa 15 Minuten kneten, zu einer Kugel formen und mit etwas Öl einreiben. Zugedeckt an einem warmen Ort etwa 30 Minuten ruhen lassen.

3. Danach in 6 gleich große Stücke teilen, zu Kugeln formen, mit Öl bepinseln und nochmals etwa 15 Minuten an einem warmen Ort ruhen lassen.

4. Nach der Ruhezeit ein sauberes Geschirrtuch mit Mehl bestreuen und darauf 1 Teigkugel möglichst dünn und kreisrund ausrollen. Auf einen Teller legen und mit Pergamentpapier bedecken. Die nächste Kugel ausrollen, auf das Pergamentpapier legen, wieder mit Pergamentpapier bedecken und mit den restlichen Teigkugeln ebenso verfahren. Zum Schluss den Teller mit einem Tuch abdecken. Den Teig entsprechend Rezept (z. B. Rezepte S. 50 und 51) weiter verarbeiten.

Zucchinipastetchen

Frittierte „Teigzigarren" mit Käsefüllung
Etwas schwieriger – aus der Türkei – vegetarisch

Für 6 Stück

Zubereitungszeit: 30 Min.

400 g türkischer Schafskäse (Tulum) oder Feta
4 EL gehackte glatte Petersilie
1 Grundrezept Filoteig
150 g Butterschmalz, flüssig
1 Ei
3 EL Milch
1 l Pflanzenöl zum Frittieren

1. Den Käse zerbröckeln und mit der Petersilie zu einer Paste rühren.

2. Einen von den kreisrund ausgerollten Teiglingen über beide Handrücken ungefähr auf Din-A4-Größe ausziehen und mit etwa flüssigem Butterschmalz einpinseln.

3. Nun die Längsseiten übereinanderklappen, so dass eine etwa 10 x 30 cm lange Teigplatte entsteht.

4. Auf eine der kurzen Seiten 2 Esslöffel der Käsemasse geben und auf etwa 8 x 1 cm verstreichen, dabei an den Außenseiten mindestens 1 cm Rand lassen.

5. Die Außenkanten rundherum mit Butterschmalz bepinseln. Die langen Seiten 1 cm zur Mitte hin einschlagen und mit Butterschmalz bestreichen.

Tipp:
Dieses Gebäck lässt sich bis zu Schritt 6 vorbereiten und einfrieren. Bei Bedarf aus der Kühltruhe nehmen, mit der Eiermilch bepinseln und frittieren. Wenn man Zeit sparen möchte, kann man auch fertigen Filo- bzw Strudelteig kaufen.

6. Die schmale Seite über die Käsefüllung falten und die Teigplatte zur Form einer Zigarre zusammenrollen.

7. Das Ei und die Milch verquirlen, „Zigarren“ damit bepinseln und im heißen Öl portionsweise etwa 3 Minuten goldbraun frittieren. Dann auf Küchenkrepp abtropfen lassen und heiß servieren.

Zucchinipastetchen

Etwas schwieriger – aus Griechenland – vegetarisch

Für 6 Pasteten

Zubereitungszeit: 30 Min.

Zeit zum Durchziehen: 10 Min.

3 mittelgroße Zucchini, geraspelt
1 gestr. TL Salz
2 mittelgroße Zwiebeln, gewürfelt
50 g Butterschmalz
3 EL Olivenöl
100 g Feta, zerbröckelt
3 Eier, verquirlt
3 EL Petersilie, gehackt
Salz, Pfeffer aus der Mühle
1 Grundrezept Filoteig (S. 50)
1 l Pflanzenöl zum Frittieren

1. Die Zucchinistreifen mit Salz bestreuen und 10 Minuten ziehen lassen, dann in einem Sieb gut ausdrücken. Die Zwiebelwürfel zufügen und die Gemüsemischung in heißem Butterschmalz anbraten.

2. Das Olivenöl zugeben und den Feta unterrühren, dabei die Hitze reduzieren.

3. 2 Eier, Petersilie und Gewürze zugeben, nochmals gut umrühren und vom Herd ziehen. Abkühlen lassen.

4. Den Filoteig über beiden Handrücken ungefähr auf DIN-A4-Größe ausziehen und mit etwas flüssigem Butterschmalz bepinseln.

5. Nun die Längsseiten übereinanderklappen, so dass ein etwa 10 x 30 cm langes Teigrechteck entsteht.

6. Die Oberseite wieder mit Butterschmalz bepinseln. Auf der linken oberen Spitze des Teiges einen Löffel von der Zucchinifüllung platzieren und nun diese Spitze über die Füllung zum unteren Rand schlagen.

7. Nun das entstandene Dreieck so umklappen, dass die unteren Kanten übereinanderliegen. Das Dreieck über die entstandene Diagonale noch zweimal umklappen; zum Schluss erhält man ein gleichschenkliges Dreieck.

8. Das Dreieck mit dem restlichen verquirlten Ei bepinseln und in dem heißen Frittieröl 3–4 Minuten goldbraun backen. Auf Küchenkrepp abtropfen lassen und noch heiß servieren.

Frittierte Wan-Tans mit Schweinefleisch und Scampi

Etwas schwieriger – aus Asien

Für 24 Stück

Zubereitungszeit: 1 1/2 Std.

2 EL Erdnussöl
125 g mageres Schweinemett
250 g Riesengarnelen, geschält und entdarmt
1 EL Sojasauce
1 TL Reiswein oder Sherry
1/2 TL Salz
3 Wasserkastanien (a. d. Dose, Asienladen), gehackt
1 Frühlingszwiebel, fein gehackt
1 TL Maisstärke, in 1 EL Wasser angerührt
24 Wan-Tan-Blätter (Fertigprodukt, Asienladen)
750 ml Erdnussöl zum Frittieren

1. Das Erdnussöl in einer Stielpfanne oder einem Wok erhitzen, bis das Fett anfängt zu rauchen, dann die Hitze etwas reduzieren.

2. Das Schweinemett hineingeben und mit einem Holzspatel rühren, bis es grau geworden ist. Nun die Garnelen zufügen und unter das Mett rühren.

3. Anschließend Sojasauce, Reiswein, Salz, Wasserkastanien und die Frühlingszwiebel zugeben und noch etwa 1 Minute unter Rühren braten, bis die Garnelen rot geworden sind.

4. Angerührte Stärke darübergießen und rühren, bis eine gute Bindung entsteht. Füllung abkühlen lassen.

5. Die Wan-Tan-Blätter so auf einer Arbeitsfläche nebeneinander legen, dass 1 Spitze nach unten zeigt. Jeweils 1 Esslöffel der Füllung in die Mitte eines Wan-Tan-Blattes geben. Auf die freie Teigfläche Wasser pinseln. Nun die untere Spitze in Richtung der oberen Spitze einschlagen, aber um etwa 1 cm versetzt, und den Teig gut zusammendrücken

6. Die seitlichen Spitzen ebenfalls anfeuchten, vorsichtig nach oben ziehen und zusammendrücken.

7. Die gefüllten Wan-Tans portionsweise im auf 180 °C erhitzten Erdnussöl frittieren, anschließend auf Küchenkrepp abtropfen lassen

Dazu Sojasauce oder den Aprikosendip reichen.

Scharf-süßer-Aprikosen-Dip

Einfach – aus Asien

Zubereitungszeit: 35 Min.

12 getr. Aprikosen
300 ml Aprikosennektar
120 ml Mangopüree
170 g Zucker
100 ml Weißweinessig
1 EL Ingwer, fein gehackt
1/2 TL Sambal oelek

1. Alle Zutaten in einem Topf aufkochen, Hitze reduzieren und 25 Minuten weiterköcheln lassen.

2. Den Dip abkühlen lassen und mit einem Mixstab pürieren. Der Dip passt hervorragend zu Frühlingsrollen, aber auch zu den frittierten Wan-Tans.

Vietnamesische Frühlingsrollen

Etwas schwieriger – aus Asien

Für 24 Frühlingsrollen
Zubereitungszeit: 1 1/2 St.
Einweichzeit: 30 Min.

Füllung:

- 40 g Glasnudeln
- 5 g getr. Mu-Err-Pilze
- 200 g King Prawns, geschält und entdarmt
- 2 Frühlingszwiebeln, fein geschnitten
- 250 g Schweinehack
- 3 Knoblauchzehen, fein gehackt
- 1 EL trockener Sherry
- 1 EL helle Sojasauce
- 1 EL Austernsauce
- Pfeffer aus der Mühle
- 10 g Zucker

Außerdem:

- 24 Blatt rundes Reispapier
- 300 ml Bier
- 2 Eier, verquirlt
- 1 l Erdnussöl zum Frittieren
- 24 Kopfsalatblättchen
- 24 Minzeblättchen

1. Die Glasnudeln etwa 30 Minuten in heißem Wasser einweichen, die Mu-Err-Pilze etwa 20 Minuten einweichen, anschließend beides gut ausdrücken. Die Glasnudeln in 2 cm lange Stücke schneiden, die Pilze von den Stielen befreien.

2. Glasnudeln, Pilze und King Prawns mit den übrigen Zutaten für die Füllung gut mischen.

3. Nun jeweils 1 Reispapierblatt in Bier eintauchen und wieder herausnehmen, auf eine Arbeitsfläche legen und warten, bis es biegsam geworden ist. Eventuell noch etwas anfeuchten.

4. Von der Füllung etwa 1 Esslöffel zu einer kleinen Rolle formen und auf das untere Drittel des Reisblattes legen. Die Ränder des Blattes mit Ei bepinseln.

5. Die rechte und die linke Seite über die Füllung schlagen und von der unteren Seite her zu einem Zylinder zusammenrollen. Mit den anderen Reisblättchen ebenso verfahren. Mit Frischhaltefolie abgedeckt können die Frühlingsrollen bis zum Frittieren im Kühlschrank aufbewahrt werden.

6. Das Erdnussöl in einer tiefen Pfanne auf 160 °C erhitzen. Möglichst viele Frühlingsrollen in die Pfanne geben. Dann die Temperatur auf 180 °C steigen lassen und die Frühlingsrollen unter häufigem Wenden braten, bis sie rundherum gebräunt sind. Dies dauert etwa 8 Minuten. Sie dann herausnehmen und auf Küchenkrepp abtropfen lassen.

7. Zum Essen nimmt sich jeder ein Salatblatt, gibt ein Minzeblättchen darauf und wickelt das Ganze um eine Frühlingsrolle. Dann wird das kleine „Päckchen" in einen Dip, z. B. den Aprikosen-Dip, getaucht und ganz in den Mund geschoben.

Gemüse

Sarma – Gefüllte Weinblätter

Etwas schwieriger – aus der Türkei

Zubereitungszeit: 2 Std.

Füllung:

200 g Zwiebeln
100 g Tomaten
50 g Lammhackfleisch
1 TL Salz
1 EL gehackte Petersilie
1 TL gehackter Dill
1 TL gehackte Pfefferminze

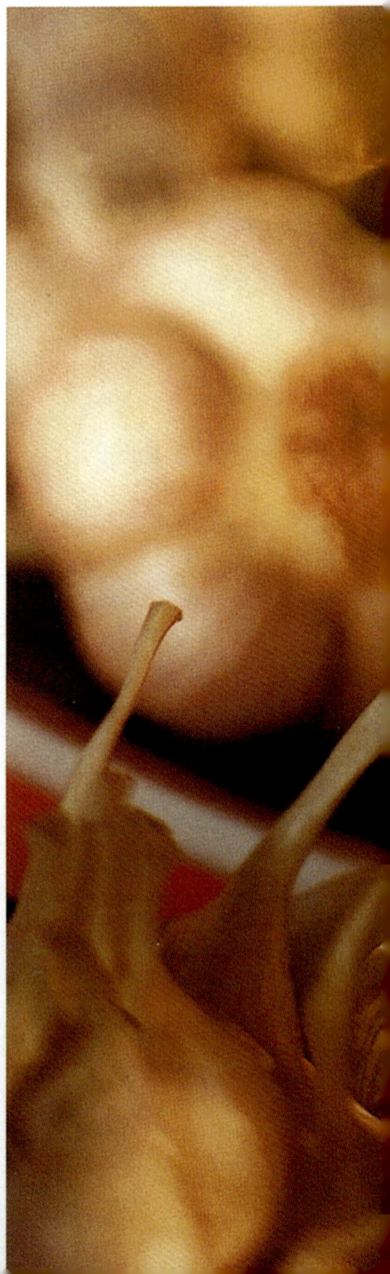

Gefüllte Paprikaschoten

Einfach – aus der Türkei

Zubereitungszeit: ca. $1\,^1/_2$ Std.

8 rote und gelbe Baby-Paprikaschoten
$^1/_2$ Rezept Lammhack-Souflaki (S. 16)
250 ml Fleischbrühe (Instant)

1. Wasser zum Kochen bringen und die Paprikaschoten darin etwa 2 Minuten blanchieren. Von den Paprika den Stiel abschneiden, damit sie auf der Unterseite stehen können. Von der Spitze einen Deckel abschneiden und die Kerne und die Trennhäute entfernen.

2. Die Lammhackfüllung hineingeben, den Deckel wieder auflegen und die Paprikas nebeneinander auf recht in einen Topf stellen. Die Fleischbrühe angießen, zum Kochen bringen, dann die Hitze verringern. 20–30 Minuten köcheln, bis die Schoten weich sind.

Joghurtsauce mit Knoblauch

Einfach – aus der Türkei

3 kleine Knoblauchzehen
Salz
500 g Vollmilchjoghurt

1. Die Knoblauchzehen schälen, in Stücke schneiden und mit Salz zerreiben.

2. Den Joghurt mit dem zerdrückten Knoblauch verrühren. Die gefüllten Weinblätter in ein etwas tieferes Serviergefäß legen und etwas von der Joghurtsauce darübergeben.

Variation:

Diese Sauce lässt sich leicht abwandeln, indem man $^1/_2$ geschälte und grob geriebene Salatgurke darunter zieht.

100 g Rundkornreis, gewaschen
50 g Olivenöl
1/2 TL schwarzer Pfeffer
1/2 TL Paprikapulver
50 ml Rindfleischbrühe (Instant)
20 g Tomatenmark

Weinblätter:

250 g Weinblätter, in Salzwasser eingelegt
Salz, 30 ml Zitronensaft
400 ml Fleischbrühe (Instant)

1. Zwiebeln schälen und fein würfeln. Tomaten überbrühen, enthäuten, entkernen und fein hacken. Hackfleisch, Zwiebeln und Salz in einer Schüssel vermengen und 2–3 Minuten ziehen lassen.

2. Die restlichen Zutaten für die Füllung, bis auf Tomatenwürfel und Tomatenmark, hinzufügen und intensiv kneten, damit die Hackmasse eine gute Bindung erhält.

3. Zuletzt Tomatenwürfel und -mark unterarbeiten.

4. Die Weinblätter etwa 1 Minute in Salzwasser kochen und dann in kaltem Wasser abschrecken. 3–4 Blätter auf den Boden eines Topfes legen und ebenso viele beiseite legen.

5. Die restlichen Blätter folgendermaßen füllen: Das Blatt so auf eine Arbeitsfläche legen, dass die drei Spitzen nach oben zeigen. Etwa 1 Teelöffel der Füllung auf das untere Drittel legen, die beiden seitlichen Blattspitzen darüber klappen und von unten her fest zusammenrollen. Dicht an dicht in einen Topf legen, mit restlichen Weinblättern abdecken, mit Zitronensaft und Brühe begießen und etwa 1 Stunde kochen, dann herausnehmen und abtropfen lassen.

Gefüllte Mini-Strauchtomaten

Einfach – vegetarisch

Zubereitungszeit: 30 Min.

400 g Mini-Strauchtomaten
Salz
200 g Feta
1 Topf Basilikum
2 EL Olivenöl extra vergine
Pfeffer aus der Mühle

1. Aus den Tomaten mit einem spitzen Messer den Stielansatz herausschneiden. Anschließend oben einen Deckel abschneiden und die Tomaten entkernen. Von innen etwas salzen.

2. Mit einem kleinen Kugelausstecher Kugeln aus dem Fetakäse ausbohren und in die Tomaten füllen.

3. Je 1 Basilikumblatt an der Seite hineinstecken, so dass es wie ein Fähnchen herausragt. Die Tomaten mit Olivenöl beträufeln und etwas pfeffern.

Dazu passen Baguette und ein leichter Rotwein aus Italien.

Tomaten füllen

Die kleinen Tomaten lassen sich am besten mit einem kleinen Kugelausstecher oder einem Perlenausstecher entkernen. Dieses Gerät benutzt man, um dekorative Kugeln oder Perlen aus Obst, Gemüse, Butter oder Käse herzustellen. Er eignet sich auch dazu, dekorative Kugeln aus dem Feta auszustechen.
Sollte kein Kugelausstecher vorhanden sein, kann man die Tomaten mit einem Mokkalöffel entkernen. Der Feta kann mit einer Gabel zerdrückt und mit etwas Sahne geschmeidig gemacht werden.
Mit dem Mokkalöffel werden Nocken geformt und in die Tomaten gefüllt.

Gefüllte Mini-Paprika mit Bohnengemüse

Etwas schwieriger – vegetarisch

Zubereitungszeit: 1 Std.

- 250 g grüne Bohnen
- Salz
- 12 grüne Minipaprika
- je 1 rote und grüne Paprika
- 1 rote Zwiebel
- 4 EL Olivenöl extra vergine
- 1 Dose Kidneybohnen (500 g EW)
- 200 ml Gemüsebrühe (Instant)
- 2 EL Pesto (Fertigprodukt)
- Pfeffer aus der Mühle
- 50 g frisch geriebener Parmesan
- 2 EL Pinienkerne

1. Die grünen Bohnen in etwa 2 cm lange Stücke schneiden und in Salzwasser knapp bissfest garen, dann kalt abschrecken.

2. Aus den Mini-Paprika seitlich je ein Viertel herausschneiden. Diese Viertel würfeln, ebenso die rote und gelbe Paprika. Die Zwiebel schälen und fein würfeln.

3. Das Olivenöl leicht erhitzen und die Zwiebel- und Paprikawürfel darin anschwitzen.

4. Die Kidneybohnen abtropfen lassen und zusammen mit den grünen Bohnen dazugeben. Mit 100 ml Gemüsebrühe auffüllen und im geschlossenen Topf etwa 5 Minuten dünsten. Vom Herd ziehen und das Pesto unterrühren, mit Salz und Pfeffer würzen.

5. Die Gemüsemischung in die ausgehöhlten Paprika füllen, in einen kleinen Bräter setzen, die restliche Gemüsebrühe dazugießen und abgedeckt etwa 20 Minuten dünsten.

6. Mit dem Parmesan bestreuen und unter dem Grill des Backofens gratinieren. Die Pinienkerne in einer trockenen Pfanne rösten. Die gefüllten Paprikas auf Tellern anrichten und mit den Pinienkernen bestreut servieren.

Dazu Fladenbrot und einen trockenen griechischen Weißwein reichen.

Gebackene Auberginen à la milanaise mit Zucchini-Tsatziki

Einfach – vegetarisch

Zubereitungszeit: 1 1/4 Std.

2 mittelgroße Auberginen
Salz
1 mittelgroße Zucchini
1 unbehandelte Zitrone
2 Knoblauchzehen, fein gehackt
250 g Sahnequark
250 g Vollmilchjoghurt
Pfeffer aus der Mühle
100 g frisches Paniermehl
80 g frisch geriebener Parmesan
einige EL Mehl
3 Eier (M), verquirlt
100 g Olivenöl extra vergine

1. Die Auberginen in etwa 1 cm dicke Scheiben schneiden, mit etwa 50 g Salz bestreuen und 15 Minuten ziehen lassen.

2. Inzwischen für das Tsatziki die Zucchini mit der Küchenreibe in nicht zu feine Streifen raspeln.

3. Die Zitrone heiß abwaschen und etwas von der Schale fein abraspeln. Dann den Saft auspressen. Den Knoblauch schälen und fein hacken.

4. Quark und Joghurt verrühren, die Zitronenschale und etwa 2 Esslöffel Zitronensaft dazugeben, den Knoblauch zufügen und mit Salz und Pfeffer abschmecken. Dann die geraspelte Zucchini unterheben.

5. Die Auberginenscheiben abspülen und trockentupfen, mit dem restlichen Zitronensaft beträufeln und pfeffern.

6. Das Paniermehl mit dem Parmesan mischen. Die Auberginenscheiben in Mehl wenden, dann in verquirltem Ei und schließlich in der Semmelbrösel-Parmesan-Mischung. Die Panade gut festdrücken.

7. Die Auberginenscheiben bei mittlerer Hitze im Olivenöl braten. Auf Tellern oder Platten anrichten und das Zucchini-Tsatziki als Dip dazu reichen.

Sommergemüse

Zucchini, Auberginen, Tomaten und Paprika gehören zu den beliebtesten Sommergemüsen und sind ein farbenfroher Blickfang auf jedem kalten Buffet. Damit sich neben dem optischen auch der kulinarische Genuss einstellt, geben wir hier Hinweise, worauf man beim Einkauf achten sollte. Bei den Zucchini sind kleinere Exemplare zu bevorzugen, da sie aromatischer schmecken. Wie auch bei den Auberginen sollte man auf eine glatte, unverletzte Haut achten. Rote, gelbe und grüne Paprika sind nicht etwa unterschiedliche Sorten, sondern dieselbe Frucht in unterschiedlichen Reifegraden. Die roten und völlig ausgereiften Schoten schmecken am süßesten und enthalten am meisten Vitamin C. Bei der Paprika erkennt man die Frische ebenfalls an einer glatten, prallen Haut ohne brauen Stellen. Bei den Tomaten trügt der schöne Schein leider oft: Tiefrote und makellos aussehende Tomaten entpuppen sich in der Küche als geschmacksarm und wässrig. Am aromatischsten schmecken Freilandtomaten aus heimischer Ernte. Ihre Saison liegt im August/September und ist leider nur kurz. Außerhalb dieser Zeit sollte man unter südlicher Sonne gereifte Exemplare bevorzugen.

Zucchini-Lachs-Röllchen

Etwas schwieriger

Zubereitungszeit: 1 Std.

Zeit zum Gefrieren: 30 Min.

- 4 Zucchini, mittelgroß
- 350 g frisches Lachsfilet
- 1 Eiweiß
- 30 g süße Sahne
- Salz, Zitronenpfeffer
- 40 ml Olivenöl extra vergine

1. Spitze und Stielansatz von den Zucchini abschneiden und die Zucchini in etwa 3,5 cm lange Zylinder schneiden. Mit einem Apfelausstecher in der Mitte durch das weiße Fruchtfleisch stechen, so dass ein kleines Rohr entsteht.

2. Das Lachsfilet in Streifen schneiden und mit dem Eiweiß, der Sahne und den Gewürzen etwa 30 Minuten gefrieren. Anschließend in einen Blitzhacker füllen und mit kleinen Stößen zu einer Farce pürieren. Eventuell noch nachwürzen.

3. Die Fischfarce in einen Dressierbeutel mit Lochtülle füllen, die Zucchiniröllchen aufrecht stellen und die Hohlräume mit der Farce füllen.

4. Den Backofen auf 160° C vorheizen. In einer tiefen Pfanne das Olivenöl erhitzen und die Außenseiten der Zucchinirollen scharf anbraten, dann aufrecht in die Pfanne stellen und das Ganze etwa 15 Minuten im vorgeheizten Backofen garen.

Tipp:

Wenn man Ausbackteig, Pfannkuchenteig oder Crêpeteig herstellt, ist es wichtig, dem Teig mindestens 30 Minuten Ruhe zu gönnen. Er lässt sich anschließend viel besser ausbacken, weil das Klebereiweiß, das für die Festigkeit des Teiges sorgt, sich dann besser entwickelt hat.

Gebackenes Gemüse

Etwas schwieriger – vegetarisch

Zubereitungszeit: 1 Std.

Ruhezeit: 30 Min.

- 4 Mini-Auberginen
- 1 kleine Fenchelknolle
- 8 große Champignons
- 4 Brokkoliröschen
- 4 Minizucchini
- 3 Eier (M)
- 2 TL Olivenöl extra vergine
- 250 ml Malzbier
- Salz, Pfeffer aus der Mühle
- 200 g Weizenmehl
- Erdnussöl zum Frittieren
- 1 Zitronen, in Spalten geschnitten

1. Das Gemüse zügig waschen und putzen. Die Auberginen halbieren, die Fenchelknolle vom Stielansatz befreien und vierteln.

2. Für den Ausbackteig die Eier trennen. Eigelbe, Olivenöl, Bier, Salz und Pfeffer verrühren, dann nach und nach das Mehl einstreuen und unterrühren. Den Teig mindestens 30 Minuten ausquellen lassen.

3. In der Zwischenzeit das Eiweiß steif schlagen. Darauf achten, dass es nicht stückig bzw. flockig wird. Das Eiweiß unter den ausgequollenen Teig heben.

4. Das Erdnussöl in einer Fritteuse oder einem großen Topf auf 170 °C erhitzen. Das vorbereitete Gemüse durch den Teig ziehen und im Fettbad goldbraun ausbacken. Auf Küchenkrepp abtropfen lassen, eventuell etwas salzen. Mit den Zitronenspalten anrichten.

Das gebackene Gemüse mit dem Ricotta-Dip servieren *(Rezept rechts)*.

Luftiger Ricotta-Dip

Einfach – vegetarisch

- 5 Basilikumblätter
- 1 Bund Schnittlauch
- 200 g süße Sahne
- 250 g Ricotta
- Salz, Pfeffer aus der Mühle
- 1 TL Zitronensaft

1. Die Basilikumblättchen hacken, den Schnittlauch in Röllchen schneiden. Die Sahne steif schlagen.

2. Die geschlagene Sahne und die Kräuter vorsichtig unter den Ricotta heben und den Dip mit Salz, Pfeffer und Zitronensaft abschmecken.

Gebackene Salbeiblätter

Einfach – vegetarisch

- 24 Salbeiblätter
- Erdnussöl zum Frittieren
- einige Esslöffel Ausbackteig (Rezept S. 62, siehe unter 2.)
- Salz

1. Die Salbeiblätter waschen und gut trockentupfen.

2. Das Erdnussöl in einer Fritteuse oder einem großen Topf auf 170 °C erhitzen. Die vorbereiteten Salbeiblätter durch den Teig ziehen und im Fettbad goldbraun ausbacken. Auf Küchenkrepp abtropfen lassen, eventuell etwas salzen.

Die Salbeiblätter eignen sich als Garnitur für das gebackene Gemüse. Sie können zusätzlich zu diesen durch den Ausbackteig gezogen werden.

Gefüllte Radieschen

Einfach

Zubereitungszeit: 20 Min.

- 2 Bund große Radieschen
- 150 g Quark (20 % F. i. Tr.)
- 2 EL fein gehackte glatte Petersilie
- Salz, Pfeffer aus der Mühle
- einige Esslöffel Kaviar oder Kaviarersatz

1. Die Blätter von den Radieschen abschneiden, etwa 1 cm Grün stehen lassen. Die dem Grün gegenüberliegende Wurzel leicht schräg abschneiden.

2. Den Quark mit der Petersilie, Salz und Pfeffer verrühren. Die Radieschen mit einem Perlenausstecher aushöhlen und mit dem Quark füllen.

3. Den Kaviar auf den gefüllten Radieschen verteilen. Vor dem Servieren etwa 30 Minuten im Kühlschrank aufbewahren.

Steinpilze

Der Steinpilz wird auch als „König der Speisepilze" bezeichnet und ist frisch nur von Juni bis November auf dem Markt. Mit seinem rundlichen Stiel und seinem kugeligen, braunen Hut besticht der Steinpilz bereits durch ein ansprechendes Äußeres. Sein leicht nussiger, aromatischer Geschmack und sein festes Fleisch lässt Feinschmecker ins Schwärmen geraten. Aus kleinen Pilzen kann ein wunderbares Carpaccio zubereitet werden: Die Steinpilze putzen und in möglichst dünne Scheiben schneiden, auf eine Servierplatte legen, mit etwas bestem Olivenöl und einigen Spritzern Zitronensaft beträufeln und mit Pfeffer übermahlen – einfach köstlich.
Getrocknete Steinpilze sind ein guter Ersatz für die frischen, da sie in sehr guter Qualität, z. B. aus Norditalien, importiert werden. Man weicht sie zunächst in Wasser ein, bevor man sie wie frische Pilze weiterverarbeitet. Das Einweichwasser kann, nachdem es durchgesiebt wurde, für die Zubereitung einer Sauce verwendet werden.

Steinpilze in der Eihülle

Einfach – vegetarisch

400 g Steinpilze
4 Eier, verquirlt
Salz, Pfeffer aus der Mühle
2 EL Mehl
60 ml Olivenöl extra vergine

1. Die Steinpilze putzen und mit einem trockenen Tuch abreiben. Die Pilze in etwa 4 mm dicke Scheiben schneiden.

2. Die Eier mit Salz und Pfeffer verrühren. Die Steinpilze im Mehl wenden und durch das Ei ziehen.

3. Das Olivenöl in einer Pfanne erhitzen und die Steinpilze darin goldbraun braten.

Reichen Sie dazu geröstete Weißbrotscheiben und ein Glas Pinot Grigio.

Gebackene Zucchiniblüten

Etwas schwieriger – vegetarisch

Zubereitungszeit: 1 Std.

8 Zucchiniblüten
200 g Kräuterfrischkäse
50 g geriebener Parmesan
1 TL Sambal oelek
50 g Mehl
2 Eier, verquirlt
Salz, schwarzer Pfeffer aus der Mühle
750 ml Erdnussöl

1. Die Zucchinblüten vorsichtig in kaltem Wasser abspülen und auf Küchenkrepp abtropfen. Die Blütenstempel entfernen.

2. Den Frischkäse mit dem Parmesan und dem Sambal oelek verrühren.

3. Die Masse gleichmäßig in die Zucchiniblüten verteilen und die Spitzen der Blüten vorsichtig zudrehen. Nun die Blüten in Mehl wenden, die Eigelbe mit Salz und Pfeffer verrühren und die Blüten hineintauchen.

4. Das Öl in einer Fritteuse oder einem großen Topf auf 180°C erhitzen. Die Zucchiniblüten darin 2–3 Minuten goldbraun ausbacken.

Dazu passt leicht geröstetes Knoblauch-Baguette.

Zucchini

Kaum zu glauben: Vor noch 25 Jahren war die Zucchini bei uns so gut wie unbekannt. Heute gehört sie in jedem Supemarkt zum Angebot. Auch bei Hobbygärtnern ist die rasch wachsende und anspruchslose Pflanze sehr beliebt. Botanisch gesehen stammt die Zucchini vom Riesenkürbis ab, ihr Name ist eine Verkleinerungsform des italienischen Wortes „Zucca" (Kürbis). Sie können bis zu 2 kg schwer werden – besser schmecken aber die jungen, kleinen Zucchini, die am zartesten sind. Es gibt verschiedene Sorten, z. B. Zucchini mit einer gelben Schale und solche mit hellgrüner, die im östlichen Mittelmeerraum beliebt sind. Allen gemeinsam ist ihr weißliches Fleisch. Es schmeckt leicht nussig und relativ neutral, nimmt dafür aber den Geschmack von Kräutern und Gewürzen sehr gut an und kann mit nahezu allen Aromen kombiniert werden. Da Zucchini durch das Reifegas, das einige Obstsorten und Tomaten abgeben, empfindlich reagieren, lagert man sie im Gemüsefach am besten separat.
Eine besondere Delikatesse sind gefüllte Zucchiniblüten. Es gibt sie bei uns von Mai bis September in gut geführten Gemüseläden oder auf Wochenmärkten. Sind keine im Angebot, kann man sie auch vorbestellen. Die Blüten sind sehr empfindlich und sollten rasch weiterverarbeitet werden.

Backofenkartoffeln mit Rosmarin und Sahne-Kräuterquark

Einfach – vegetarisch

Zubereitungszeit: 1 Std.

1 kg mittelgroße neue Kartoffeln
60 ml Olivenöl extra vergine
grobes Salz
1 Knoblauchzehe
1 EL Rosmarinnadeln
1 rote Zwiebel
1 Bund Schnittlauch
250 g Sahnequark
1 TL frische Oreganoblättchen
Salz, Pfeffer aus der Mühle
1 Msp. Sambal oelek
evtl. etwas süße Sahne
50 g Pinienkerne

1. Den Backofen auf 170 °C vorheizen. Die Kartoffeln waschen, trocknen und längs vierteln. Mit dem Öl und dem groben Salz einreiben und mit den Schnittflächen nach unten auf ein Backblech legen.

2. Die Knoblauchzehe schälen und fein hacken, die Rosmarinnadeln ebenfalls fein hacken und beides auf die Kartoffelviertel verteilen. Im vorgeheizten Backofen 30–45 Minuten backen.

3. In der Zwischenzeit die Zwiebel schälen und fein hacken, den Schnittlauch in Röllchen schneiden. Den Sahnequark mit Zwiebel, Kräutern und Gewürzen verrühren. Den Quark eventuell mit ein wenig flüssiger Sahne etwas geschmeidiger machen. Die Pinienkerne in einer Pfanne ohne Fett rösten und den Quark damit bestreuen.

4. Die gebackenen Kartoffeln mit dem Sahnequark als Dip servieren.

Olivenöl

Für Saucen wie das Pesto und die Aioli sollte man grundsätzlich nur Olivenöl bester Qualität verwenden. Das hochwertigste ist das durch Kaltpressung gewonnene Öl, auch natives Olivenöl genannt. Das Öl der Qualitätsstufe „extra“ wiederrum stellt das beste native Olivenöl dar. Es ist unter Bezeichnungen wie „Olio extra vergine di Oliva“ oder „Natives Olivenöl extra“ im Handel. Diese Öl entsteht aus der ersten sanften Pressung aus dem Fruchtfleisch der Oliven, hat nur eine schwach grüne Farbe und einen fruchtigen Geschmack. Bei den folgenden Pressungen nimmt die Farbintensität zu, ebenso der Gehalt an – unerwünschten – freien Fettsäuren. Die Bezeichnung „reines Olivenöl“ ist übrigens kein Hinweis auf Qualität. Sie ist im Gegenteil für jedes genießbare Olivenöl erlaubt und wird oft für raffinierte Öle verwendet.

Pesto

Einfach – klassisches Rezept – aus Italien

Zubereitungszeit: 20 Min.

3 Töpfe Basilikum
3 Knoblauchzehen
Salz
100 ml Olivenöl extra vergine
30 g Pinienkerne

Frische Gemüse-Rohkost

Einfach – vegetarisch

Zubereitungszeit: 20 Min.

250 g Minimöhren, mit Grün
100 g Salatgurke
je 100 g rote und gelbe Paprika
100 g Eiszapfen oder Radieschen
100 g Staudenselleriestangen

1. Die Minimöhren putzen, dabei etwas Grün oben stehen lassen. Die Salatgurke in dicke Streifen schneiden. Die Paprika in Streifen schneiden. Die Eiszapfen oder Radieschen putzen, die Selleriestangen in längere Stücke schneiden.

Die Rohkost mit einem Dip nach Wahl servieren. Bereitet man eine größere Menge Rohkost für mehrere Personen zu, kann man verschiedene Dips (siehe Rezepte rechts) dazu reichen.

Aioli

Etwas schwieriger – klassisches Rezept – aus Südfrankreich

Zubereitungszeit: 30 Min.

5 Knoblauchzehen
300 ml Olivenöl extra vergine
2 Eigelb
Salz, Pfeffer aus der Mühle
Zitronensaft

1. Die Knoblauchzehen schälen und im Mörser zerreiben. Ein paar Tropfen Öl dazugeben und zu einer Paste verrühren. Diese in eine Schale umleeren, die Eigelbe mit einem Schneebesen unterrühren.

2. Das restliche Öl erst tröpfchenweise, dann in dünnem Strahl kräftig unterrühren. Die Aioli mit Salz, Pfeffer und Zitronensaft abschmecken.

Diese Knoblauchmayonnaise passt nicht nur zu Rohkost, sondern auch hervorragend zu Meeresfrüchten, gegrilltem Fleisch und kaltem Braten.

Erstklassige Essige und Öle sind die Grundvoraussetzung für gute Saucen.

1. Die Basilikumblättchen abzupfen, nicht waschen. Die Knoblauchzehen schälen und hacken. Basilikum, Knoblauch und Salz in einem Mörser zerstoßen, einen kleinen Teil des Öls zugeben. In einen Mixer umfüllen und darin das restliche Öl untermixen.

2. Die Pinienkerne in einer Pfanne ohne Fett rösten. Zum Schluss die Pinienkerne kurz mitpürieren.

Walnuss-Quark

Einfach

Zubereitungszeit: 20 Min.

400 g Sahnequark
150 g Vollmilchjoghurt
Pfeffer aus der Mühle
2 EL Honig
50 g Walnusskerne
20 Salbeiblätter
2 EL Olivenöl extra vergine

1. Quark und Joghurt verrühren, pfeffern. Walnusskerne in einer Pfanne ohne Fett rösten, hacken und mit Honig mischen. Beides unter den Quark rühren.

2. Die Salbeiblätter in feine Streifen schneiden. Das Olivenöl erhitzen und die Salbeiblätter darin kurz braten. Einen kleinen Teil beiseite legen, den Rest unter die Quarkmischung rühren.

3. Den Dip in einer Schale anrichten und mit den Salbeistreifen garnieren.

Variation:

Etwas Dickmilch, Schlagsahne und feingehackte Kräuter unter die Aioli ziehen.

Eier und Käse

Pfannkuchen-schnecken mit Geflügelsalat

Einfach

Zubereitungszeit: 15 Min.

Zeit zum Ruhen: 20 Min.

- 2 Eier
- 50 ml Milch
- 80 g Mehl
- Salz, Muskatnuss
- 50 g Butterschmalz
- 4 Blatt vom Eichblattsalat
- 150 g Geflügelsalat (Fertigprodukt)
- 1 Bund Schnittlauch, in Röllchen

1. Aus Eiern, Milch, Mehl und Salz und einer kleinen Prise Muskat einen Pfannkuchenteig herstellen und diesen 20 Minuten ruhen lassen.

2. Das Fett in einer Pfanne erhitzen, darin nacheinander 2 Pfannkuchen ausbacken und erkalten lassen.

Die Crêpes werden in einer beschichteten Pfanne hauchdünn ausgebacken.

3. Jeweils 2 Salatblätter auf 1 Pfannkuchen legen, den Geflügelsalat darauf verteilen und mit dem Schnittlauch bestreuen.

4. Die Pfannkuchen zusammenrollen und in breitere Scheiben schneiden. Mit einem Holzspießchen zusammenstecken. Auf einer Platte anrichten.

Gefüllte Crêpes mit Rucola und Pfifferlingen

Etwas schwieriger – vegetarisch

Zubereitungszeit: 1 Std.

Zeit zum Ruhen: 30 Min.

- 120 g Mehl
- 3 Eier
- 175 ml Milch
- Salz
- 1 rote Zwiebel
- 1 Knoblauchzehe
- 1/2 Pk. Rucola
- 60 g Butterschmalz
- 400 g Pfifferlinge
- Pfeffer aus der Mühle
- Muskatnuss
- 50 g mittelalter frisch geriebener Parmesan
- Fett für die Form
- Chicoréeblätter zum Anrichten

1. Mehl, Eier und Milch und Salz miteinander verrühren und den Teig etwa 30 Minuten quellen lassen.

2. Inzwischen die Zwiebel und den Knoblauch schälen. Die Zwiebel in Streifen, den Knoblauch in Würfel schneiden. Den Rucola in Stücke zupfen.

3. Etwas von dem Butterschmalz zerlassen und darin Zwiebel, Knoblauch und Pfifferlinge braten. Mit Salz, Pfeffer und Muskat würzen. Die Hälfte des Käses und den Rucola unter die Pilzmischung geben und beiseite stellen.

4. In einer beschichteten Pfanne im restlichen Butterschmalz 8 dünne Crêpes ausbacken *(Foto S. 72)*. Die Rucola-Pilz-Füllung auf die Crêpes verteilen und zusammenrollen.

5. Den Backofen auf 180 °C vorheizen. Eine ofenfeste Form dünn ausfetten und die gefüllten Crêpes nebeneinander hinlegen. Den restlichen Käse darüberstreuen und die Crêpes etwa 10 Minuten backen.

6. Die Crêpes jeweils in 3 Teile schneiden und auf je 1 Chicoréeblatt anrichten.

Blini

Blini gehören zu den bekanntesten Gerichten der russischen Küche. Sie sind kleine, nicht zu dünne Hefepfannküchlein, die in Butterschmalz gebraten werden. Sie enthalten Weizen- und Buchweizenmehl. Buchweizen ist übrigens kein Getreide, sondern eine Knöterichart. Nach traditionellem Rezept werden die warmen Blinis mit zerlassener Butter bestrichen, mit einem Häufchen Kaviar oder einer Scheibe geräuchertem Stör belegt und mit einem Löffel saurer Sahne (Smetane) übergossen.

Grundrezept Blini

Einfach – klassisches Rezept – aus Russland

Zubereitungszeit: 30 Min.
Zeit zum Gehen: 30 Min.

- 20 g frische Hefe
- 3 EL lauwarmes Wasser
- 100 g Buchweizenmehl
- 100 g Weizenmehl
- 1 TL Salz
- 150 ml lauwarme Milch
- 125 ml Vollmilchjoghurt
- 2 Eier
- Butterschmalz zum Braten

1. Die Hefe im lauwarmen Wasser auflösen. Die beiden Mehlsorten mit dem Salz in einer Schüssel mischen und die angerührte Hefe zugeben. Milch und Joghurt zufügen. Die Eier trennen, die Eigelbe dazugeben und alles so lange rühren, bis der Teig Blasen wirft. Die Schüssel mit einem Küchentuch abdecken und den Teig an einem warmen Ort mindestens 30 Minuten gehen lassen.

2. In der Zwischenzeit den Eischnee steif schlagen. Nachdem der Teig gegangen ist, den Eischnee vorsichtig unterheben.

3. Etwas Butterschmalz in einer beschichteten Pfanne erhitzen. Den Teig in 12 Portionen aufteilen und daraus im heißen Fett kleine, runde Blini backen. Dabei darauf achten, dass das Fett nicht zu heiß ist, damit die Blini nicht außen zu dunkel werden und innen roh bleiben. Die Blini auf Küchenkrepp abtropfen lassen und nach Wunsch belegen (siehe Rezepte diese und nächste Seite).

Zu den belegten Blini passt am besten ein Glas eiskalter Wodka oder ein Glas Krimsekt.

Blini mit Crème fraîche, geräuchertem Heilbutt und Dill

Zubereitungszeit: 40 Min.

- 1 Grundrezept Blini (S. 74 links)
- 150 g Crème fraîche
- Salz, Pfeffer aus der Mühle
- 12 dünne Scheiben geräucherter Heilbutt
- 1 Bund Dill

1. Die Blini nach Grundrezept zubereiten.

2. Die Crème fraîche mit Salz und Pfeffer würzen.

3. Jeweils 1 Teelöffel Crème fraîche auf 1 Blini geben und ein gefaltetes Heilbuttscheibchen darauflegen. Den Dill hacken und die Blini damit bestreuen.

Blini mit Kräuterfrischkäse und Salatgurke

Zubereitungszeit: 40 Min.

- 1 Grundrezept Blini (S. 74 links)
- 200 g Kräuterfrischkäse
- 1 TL Sonnenblumenöl
- 1 TL Sahne
- 1/2 Salatgurke
- 1/2 rote Paprika

1. Die Blini nach Grundrezept zubereiten.

2. Den Kräuterfrischkäse mit dem Öl und der Sahne glattrühren. Die Salatgurke entkernen und fein würfeln. Die Paprika ebenfalls fein würfeln. Anschließend die Gurkenwürfel unter die Frischkäsemasse mischen.

3. Jeweils 1 Teelöffel der Masse auf 1 Blini geben und mit roten Paprikawürfeln bestreuen.

Tipp:
Man kann die Blini auch im voraus backen und einfrieren. Dabei Pergamentpapier zwischen die Pfannküchlein legen. Vor dem Servieren bei 180 °C im Backofen auftauen.

e besonders edle Variante eines Belages für Blini: ucherlachs, Kaviar, Wachtelei und Olive

Blini mit Sahnequark und Kapuzinerkresse

Für 12 Stück

Zubereitungszeit: ca. 40 Min.

1 Grundrezept Blini (siehe links)
200 g Sahnequark
Salz, Pfeffer aus der Mühle
10 Blätter Kapuzinerkresse
4 EL Sonnenblumenkerne
12 Kapuzinerkresse-Blüten

1. Die Blini laut Grundrezept zubereiten.

2. Den Sahnequark mit Salz und Pfeffer glattrühren. Die Kresseblätter fein hacken und darunter rühren. Die Sonnenblumenkerne in einer Pfanne ohne Fett rösten.

3. Den Kressequark auf den Blini verteilen. Mit den gerösteten Sonnenblumenkernen bestreuen und als Garnitur je 1 Kapuzinerkresse-Blüte darauf setzen.

Variationen:

Es gibt viele weitere Möglichkeiten, Blini zu belegen. Hier ein paar Anregungen:

- **Frischkäse mit Radieschen**
- **Hüttenkäse mit Kirschtomaten und Schnittlauch**
- **Sahnemeerrettich und Räucherlachs**
- **Räucherlachs, Kaviar und Wachtelei**

Grundrezept Brandteig

Etwas schwieriger

Für 16 Mini-Windbeutel

Zubereitungszeit: 45 Min.

60 ml Milch	
60 g Butter	
1 Prise Salz	
120 g Mehl, gesiebt	
2 Eier (M)	

1. 60 ml Wasser, Milch, Butter und Salz in einem Topf aufkochen. Das gesiebte Mehl auf einmal zufügen und mit einem Kochlöffel unter die Flüssigkeit rühren. Den entstandenen Mehlkloß flach auf den Topfboden drücken.

2. Den Teig abbrennen, bis sich ein dicker, weißlicher Belag auf dem Boden bildet. Den Kloß immer wieder vermengen und auf den Topfboden drücken, insgesamt etwa 4 Minuten.

3. Die Brandmasse in eine Schüssel geben etwas auskühlen lassen. 1 Ei zufügen und mit dem Kochlöffel unterrühren, bis es eingearbeitet ist. Mit dem zweiten Ei ebenso verfahren.

4. Den Backofen auf 200 °C vorheizen. Ein Backblech mit Backtrennpapier auslegen, die fertige Brandmasse in einen Dressierbeutel mit etwas größerer Sterntülle füllen. Den Teig in etwa walnussgroßen Rosetten mit genügend Abstand voneinander auf das Backblech spritzen.

5. Die Windbeutel im vorgeheizten Backofen etwa 20 Minuten backen. Die Backofentür während dieser Zeit nicht öffen, da die Windbeutelchen durch den Luftzug zusammensacken würden.

Tipp:
Die Teigmasse muss im Topf auf jeden Fall 4 Minuten abbrennen, sonst gehen die Windbeutel beim Backen nicht richtig auf.

Brandteig-Schwäne

Etwas schwieriger – klassisches Rezept

Für 16 kleine Schwäne

Zubereitungszeit: 1 Std.

1 Grundrezept Brandteig (siehe links)	

1. Die Brandteigmasse wie im Grundrezept in Schritt 1–3 beschrieben zubereiten.

2. Den Backofen auf 200 °C vorheizen. Etwas Brandmasse in einen Dressierbeutel mit 3-mm-Lochtülle füllen und damit auf Backtrennpapier etwa 7 cm große Fragezeichen spritzen. Die Masse dabei nicht auf das Papier drücken, sondern eher leicht darauf sinken lassen. Auf den oberen Bogen noch einen kleinen Punkt setzen. Das wird der Kopf des Schwanenhalses. Im vorgeheizten Backofen 8–10 Minuten goldbraun backen.

3. Für den Schwanenkörper mit einem Dressierbeutel mit größerer Sterntülle einen walnussgroßen Tropfen spritzen. Dabei kurz auf eine Stelle spritzen, während des Spritzens den Dressierbeutel hochziehen und dann die Tülle zu sich her in Richtung des Backpapiers drücken, dabei aufhören zu spritzen.

4. Die Schwanenkörper im vorgeheizten Backofen etwa 20 Minuten backen, dann auskühlen lassen. Die obere Hälfte abschneiden und längs halbieren. Das sind die Flügel.

5. Den Körper mit einer entsprechenden Masse füllen *(siehe Rezepte S. 77)*, die Flügel schräg hineinstecken und den Hals vorne in die Füllung stecken.

Chestercremefüllung
Einfach

Für 16 Mini-Windbeutel
Zubereitungszeit: 20 Min.

- 250 g süße Sahne
- 2 Eigelb (M)
- 10 g Weizenstärke
- 80 g geriebener Chesterkäse

1. Die Sahne in einen Topf geben und aufkochen.

2. Die Eigelbe in einer Schüssel aufschlagen und die Weizenstärke untermischen. Dann die kochende Sahne darunterrühren, die Masse wieder in den Topf zurückgießen, einmal kurz aufkochen lassen und vom Herd ziehen.

3. Den geriebenen Käse in die heiße Masse einstreuen und zügig unterrühren. Das Ganze abkühlen lassen. Vor dem Füllen der Windbeutelchen die Creme nochmals geschmeidig rühren und in einen Dressierbeutel mit kleiner Lochtülle füllen.

4. Die Käsemasse seitlich in die Windbeutelchen hineinspritzen, indem man mit der Tülle ein Loch in den Teig drückt.

Kapuziner-Quark-Füllung
Einfach

Für 16 Mini-Windbeutel

- 250 g Magerquark
- Salz
- 1 EL Leinöl
- ca. 20 rote Kapuzinerkresse-Blüten
- 50 g Crème fraîche

1. Den Magerquark in eine Schüssel füllen, mit Salz würzen und das Leinöl unterrühren.

2. 12 der gewaschenen und gut trockengetupften Blüten der Kapuzinerkresse in einen Rührbecher geben und die Crème fraîche zufügen. Das Ganze mit einem Pürierstab fein pürieren.

3. Die Kressemischung unter den Quark rühren und die Masse in einen Dressierbeutel mit kleiner Lochtülle füllen.

4. Die Quarkmasse seitlich in die Windbeutelchen hineinspritzen, indem man mit der Tülle ein Loch in den Teig drückt. Die Windbeutelchen mit Kapuzinerkresseblüten garnieren und sofort servieren.

Eigelbgrundmasse
Einfach

Für 12 Eihälften

Zubereitungszeit: 20 Min.

6 Eier
40 g weiche Butter
1 TL Mayonnaise
1 TL Senf
Salz, Pfeffer aus der Mühle

1. Die Eier hart kochen, kalt abschrecken und abkühlen lassen. Die Eier schälen und längs halbieren, das Eigelb entnehmen und durch ein Sieb in eine Schüssel streichen. Die Eiweißhälften ausspülen und umgedreht auf Küchenkrepp abtropfen lassen.

2. Die weiche Butter, Mayonnaise, Senf, Salz und Pfeffer zu der Eigelbmasse geben und schaumig rühren.

3. Die Masse in einen Dressierbeutel mit etwas größerer Sterntülle füllen und Eigelbrosetten in die leeren Eihälften spritzen. Die Eier nach Wunsch ausgarnieren. Diese Grundmasse kann nach Wunsch abgewandelt werden (siehe Variationen oben).

Eigelbfüllung mit Sardellen

Für 12 Eihälften

Zubereitungszeit: 25 Min.

3 Sardellenfilets
1 Rezept Eigelbgrundmasse
6 gefüllte Oliven

1. Die Sardellenfilets kalt abspülen, würfeln und unter die Eigelbmasse rühren.

2. Mit einem Dressierbeutel mit großer Sterntülle gleichmäßige Rosetten in die Eihälften spritzen.

3. Die Oliven halbieren und die Eihälften damit garnieren.

Tomaten-Basilikum-Füllung

Für 12 Eihälften

Zubereitungszeit: 25 Min.

1 TL Tomatenmark
6 Kirschtomaten
12 Basilikumblättchen

Tipp:
Gekochte und gepellte Eier lassen sich sehr einfach mit einem Faden Nähseide, den man an den Wasserhahn bindet, mehrmals sauber durchschneiden. Mit der linken Hand spannt man den Faden straff, mit der rechten Hand führt man das Ei von unten durch den Faden. Auf diese Weise kann man es exakt teilen, ohne das Eigelb und Eiweiß verletzt werden.

1. Das Tomatenmark unter die Eigelbmasse rühren und evtentuell nachwürzen. Mit einem Dressierbeutel mit Sterntülle Rosetten in die Eihälften spritzen.

2. Die Kirschtomaten halbieren und die Eihälften mit den Tomaten und den Basilikumblättchen ausgarnieren.

Eigelb-Schinken-Mus mit grünem Spargel

Für 12 Eihälften
Zubereitungszeit: 25 Min.

- 2 EL gekochter Schinken, sehr fein gewürfelt
- 2 Msp. Paprikapulver, edelsüß
- 1 Rezept Eigelbgrundmasse
- 12 grüne Spargelspitzen

1. Den Kochschinken und das Paprikapulver unter die Eigelbmasse rühren.

2. Mit einem Dressierbeutel mit Sterntülle Rosetten in die Eihälften spritzen und mit den Spargelspitzen garnieren.

Eigelbfüllung mit Keta-Kaviar

Für 12 Eihälften
Zubereitungszeit: 25 Min.

- 25 g Keta-Kaviar (a. d. Glas)
- 1 Rezept Eigelbgrundmasse
- 10 Dillzweige

1. Kaviar unter fließendem kaltem Wasser im Sieb abspülen. Einen kleinen Teil für die Garnitur beiseite stellen.

2. Den Rest unter die Eigelbmasse heben, mit einem Dressierbeutel in die Eihälften spritzen. Die gefüllten Eier mit dem restlichen Kaviar ausgarnieren und die Dillzweige hineinstecken.

Curry-Ingwer-Füllung mit Garnelen

Für 12 Eihälften
Zubereitungszeit: 25 Min.

- 1 gestr. TL Currypulver
- 2 Msp. Ingwerpulver
- 1 TL gehackte Korianderblättchen und 12 Korianderblättchen zum Garnieren
- 1 Rezept Eigelbgrundmasse (S. 78)
- 12 gegarte Garnelenschwänze

1. Curry, Ingwer und gehackten Koriander unter die Eigelbmasse rühren.

2. Mit einem Dressierbeutel mit Sterntülle Rosetten in die Eihälften spritzen.

3. Die Eihälften mit den Garnelenschwänzchen den ganzen Korianderblättchen garnieren.

Eigelb-Oliven-Mus mit roter Pfefferschote

Für 12 Eihälften
Zubereitungszeit: 25 Min.

- 4 schwarze Oliven, entsteint, fein gewürfelt
- 1 TL Olivenöl extra vergine
- 1 Blättchen Basilikum, fein gehackt
- 1 Rezept Eigelbgrundmasse (S. 78)
- 1 rote Pfefferschote

1. Die Oliven, das Olivenöl und das Basilikum unter die Eigelbmasse rühren, in einen Dressierbeutel mit Lochtülle füllen und in die Eihälften spritzen.

2. Die Pfefferschote entkernen und in feine Streifen schneiden. Die Eihälften mit einigen Streifen garnieren.

Käsespieße
Einfach

Für 12 Spieße

Zubereitungszeit: 20 Min.

- 100 g Schweizer Käse, in einem 2 cm dicken Stück
- 100 g mittelalter Gouda, in einem 2 cm dicken Stück
- 100 g Tilsiter, in einem 2 cm dicken Stück
- blaue Trauben, schwarze Oliven, Kapstachelbeeren, Babyananas-Viertel, in ca. 1 cm dicken Scheiben
- ganze Walnüsse
- Salatblätter zum Garnieren
- 12 Tütchen vom Mönchskopf-Käse (Tête de Moine)

1. Den Käse in Würfel von etwa 2 cm Kantenlänge schneiden.

2. Mit bunten Spießchen und Fähnchen jeweils 1 Frucht auf 1 Käsewürfel stecken.

3. Die Käsewürfel auf einer Platte anrichten, mit Salat ausgarnieren und dazwischen die Tütchen vom Mönchskopf-Käse legen.

Zwei Schalen mit Trauben und Feigen sowie mit Mixed Pickles runden diese Käsemahlzeit ab. Reichen Sie dazu ofenfrisches Baguette und einen Valpolicella.

Walisischer Käsetoast
Einfach - aus Großbritannien

Zubereitungszeit: 30 Min.

- 250 g Chester
- 50 ml helles Bier
- 1 EL Mehl
- 1 EL Butter
- 1 TL Worcestersauce
- 1 TL Paprikapulver
- 4 Scheiben Toastbrot

1. Den Käse reiben. Das Bier in einem Topf leicht erwärmen und den Käse darin schmelzen lassen.

2. Mehl und Butter miteinander verkneten und nach und nach unter die warme Käsemischung rühren, damit diese leicht bindet. Mit Worcestersauce und Paprikapulver würzen.

4. Das Brot toasten und diagonal halbieren. Die Toastdreiecke mit der Käsemasse bestreichen und unter dem Grill des Backofens überbacken.

Dazu passt ein kräftiges Bier.

Käsekroketten
Etwas schwieriger

Zubereitungszeit: 1 Std.

- 300 g Pellkartoffeln vom Vortag, geschält
- 150 g Greyerzer Käse, im Stück
- 140 g Mehl
- 2 Eier
- Salz, Muskatnuss
- 100 g Mehl
- 2 Eier (M)
- 150 g Semmelbrösel
- Erdnussöl zum Frittieren
- Salatblätter zum Anrichten

1. Die Kartoffeln und den Käse fein in eine Schüssel reiben. Mehl, Eier, Salz und Muskatnuss dazugeben und zügig zu einem Teig kneten.

2. Aus dem Teig mit bemehlten Händen Kroketten formen. Diese erst in Mehl, dann in Ei und dann in Paniermehl wenden. Das Paniermehl fest andrücken.

3. Das Erdnussöl in einer Fritteuse oder einem großen Topf auf 170 °C erhitzen. Die Kroketten im heißen Fett portionsweise ausbacken.

4. Auf Küchenkrepp abtropfen lassen und auf Salatblättern anrichten.

Gefüllte Mozzarellakugeln in Speck gebraten

Etwas schwieriger – aus Italien

12 Mozzarellakugeln à 50 g
4 schwarze Oliven, entkernt
1 Kirschtomate, geviertelt
4 Pinienkerne, geröstet
1 EL Olivenöl extra vergine
12 Blatt Basilikum
Pfeffer aus der Mühle
12 dünne Scheiben magerer Speck
Olivenöl zum Braten
Rucolablätter zum Anrichten

1. Die Mozzarellakugeln mit einem spitzen Messer in der Mitte aufschlitzen.
In 4 Kugeln je 1 Olive geben, in 4 Kugeln je 1 Kirschtomatenviertel und in die 4 restlichen Kugeln die Pinienkerne verteilen.

2. Die gefüllten Käsekugeln mit etwas Olivenöl beträufeln, pfeffern, mit je 1 Basilikumblatt belegen und mit 1 Scheibe Speck umwickeln. Diesen mit Holzzahnstochern befestigen.

3. Olivenöl in einer Pfanne erhitzen und die Mozzarellakugeln darin kurz braten, bis der Speck gebräunt ist. Auf Küchenkrepp abtropfen lassen und auf einem Bett von Rucolasalat anrichten.

Oben: Auch kräftige Sorten dürfen auf einer gut arrangierten Käseplatte nicht fehlen.

Unten: Reiben Sie Parmesankäse immer frisch. Nur so entfaltet er sein herrliches Aroma.

Käseplatten zusammenstellen
Eine kleine Käseauswahl sollte auf keinem kalten Buffet fehlen, denn Käse schließt bekanntlich den Magen. Durch seine große Sortenvielfalt lässt er sich wunderbar mit einer Auswahl von Fingerfood-Häppchen kombinieren. Achten Sie darauf, Sorten auszuwählen, die sich in Konsistenz und Geschmacksintensität unterscheiden. Das Spektrum reicht von mildem bis sehr würzigem Frischkäse über Weichkäse bis zu halbfestem und festem Schnittkäse. Die Sorten richtet man im Uhrzeigersinn an: Man beginnt mit dem mildesten Käse bei „1 Uhr" und endet mit dem kräftigsten bei „12 Uhr".

Desserts

Marzipantarteletts

Etwas schwieriger – klassisches Rezept

Für 16 Stück

Zubereitungszeit: 1 1/2 Std.

100 g Butter
100 g Zucker
1 Pk. Vanillezucker
1 Prise Salz
2 Eier (M)
200 g Mehl
1 Pk. Backpulver
200 g Marzipanrohmasse
4 EL Puderzucker
4 EL Aprikosenmarmelade
1 Spritzer Apricot Brandy
Fett für die Förmchen

1. Butter, Zucker, Vanillezucker, Salz und Eier in einer Küchenmaschine oder mit dem Handrührgerät schaumig rühren.

2. Das Mehl mit dem Backpulver mischen und unter die schaumig gerührte Masse mengen.

3. Das Marzipan mit dem Puderzucker und 1 Esslöffel Aprikosenmarmelade geschmeidig rühren. Apricot Brandy unterrühren, so dass die Masse spritzfähig wird.

4. 12 Tartelettförmchen von 12 cm Ø leicht fetten und 1/3 hoch mit dem Teig ausstreichen.

5. Den Backofen auf 180 °C vorheizen. Die Marzipanmasse in einen Dressierbeutel mit etwa 8 mm großer Lochtülle füllen und in jedes Förmchen einen Strang längs und einen kleinen quer spritzen.

6. Die Törtchen im vorgeheizten Backofen 20–25 Minuten backen. Währenddessen die restliche Aprikosenmarmelade mit etwas Wasser aufkochen.

7. Die gebackenen Marzipantarteletts noch heiß mit der Aprikosenmarmelade aprikotieren (bepinseln).

Tipps:

Um sicher zu gehen, dass der Teig gar ist, sticht man nach etwa 20 Minuten mit einer Nadel hinein. Ist die Nadel feucht, so braucht er noch etwas Zeit zum Backen.

Anstelle von Tartelettförmchen kann man auch Muffin- oder Papierförmchen verwenden.

Fruchttörtchen

Fruchttörtchen

Etwas schwieriger – klassisches Rezept

Für 16 Stück
Zubereitungszeit: ca. 1 1/2 Std.

Teig:

- 220 g Mehl
- 75 g geriebene Haselnüsse
- 100 g Puderzucker
- 100 g kalte Butter, gewürfelt
- 1 Eigelb
- Zimt
- abgeriebene Schale von 1/2 unbehandelten Zitrone
- Fett für die Förmchen

Belag:

- 250 ml Vanillepudding (aus Vanillepuddingpulver gekocht)
- 800 g gemischte Früchte
- 1 Pk. klarer oder roter Tortenguss

1. Mehl, Nüsse, Zucker, Butter, Eigelb, Zimt und Zitrone schnell zwischen den Fingern zerreiben. Diese Streusel zu einem Teigkloß verkneten und diesen etwa 30 Minuten kühl stellen.

2. Den Backofen auf 180 °C vorheizen. Den Teig auf einer bemehlten Fläche etwa 3mm dick ausrollen und runde Förmchen oder Tartelettförmchen darauf drücken. Die Förmchen ausfetten. Den ausgestochenen Teig in die Förmchen legen, gut festdrücken und mehrmals mit einer Gabel einstechen, damit er beim Backen keine Blasen wirft.

3. Die Törtchen auf ein Backblech stellen, im vorgeheizten Backofen 10–15 Minuten backen und sofort aus den Förmchen nehmen. Zum Auskühlen beiseite stellen.

4. Den Vanillepudding auf den Tortenböden verteilen. Früchte nach Wahl darauf legen. Den Tortenguss nach Packungsanweisung zubereiten und die Früchte damit überglänzen.

Variatonen:

Zum Belegen der Törtchen eigenen sich folgende Früchte-Kombinationen:

- **Himbeeren, Brombeeren, Johannisbeeren, Blaubeeren und Minzeblättchen**
- **Erdbeeren, Ananastücke, Schwarzkirschen, Bananenscheiben und Minzeblättchen**
- **Apfelspalten mit Schale, Melonenkugeln, Bananen scheiben, halbierte Trauben**
- **Nektarinenspalten, halbierte blaue Trauben, Himbeeren, Johannisbeeren und Mandelstifte**
- **Pfirsichspalten, Mangospalten, Granatapfelkerne und Kiwischeiben**

Pyramide von Mascarpone-Profiteroles

Etwas schwieriger – aus Frankreich

Für 30 Profiteroles

Zubereitungszeit: 1 1/2 Std.

Brandteigmasse:

- 100 g Butter
- abgeriebene Schale von 1 unbehandelten Zitrone
- 1 Prise Salz
- 200 g Mehl, gesiebt
- 3–4 Eier (M)

Mascarponecreme:

- 4 Eigelb
- 130 g Zucker
- 4 EL Amaretto
- 400 g Mascarpone
- 200 g Vollmilchkuvertüre
- Puderzucker zum Bestäuben

1. 125 ml Wasser und Butter mit Zitronenschale und Salz in einem Topf aufkochen. Das Mehl auf einmal zufügen und mit einem Kochlöffel unter die Flüssigkeit rühren. Den entstandenen Mehlkloß flach auf die Topfbodenfläche drücken.

2. Den Teig abbrennen, bis sich ein dicker weißlicher Belag auf dem Boden bildet. Den Kloß immer wieder vermengen und auf den Topfboden drücken. Insgesamt 3–4 Minuten abbrennen, damit der Brandteig beim Backen später gut aufgeht.

3. Die Brandmasse in eine Schüssel geben etwas auskühlen lassen. 1 Ei dazugeben und mit dem Kochlöffel unterrühren, bis es eingearbeitet ist. Mit dem zweiten Ei ebenso verfahren.

4. Die Eigelbe mit dem Zucker und dem Amaretto im Wasserbad zu einer dicklichen Creme aufschlagen. In einem kalten Wasserbad kalt schlagen und dann den Mascarpone unterrühren. Die Mascarponecreme kühl stellen.

5. Den Backofen auf 200 °C vorheizen. Ein Backblech mit Backtrennpapier belegen, die Brandteigmasse in einen Spritzbeutel mit größerer Sterntülle füllen und den Teig in Rosetten auf das Backblech spritzen. Die Mini-Windbeutel im vorgeheizten Backofen etwa 20 Minuten backen, die Backofentür während dieser Zeit nicht öffnen. Die Windbeutel herausnehmen und auskühlen lassen.

6. Die Mascarponecreme in einen Dressierbeutel mit 3-mm-Lochtülle füllen. Damit seitlich in die Windbeutelchen stechen und die Creme hineinspritzen.

7. Für die Herstellung der Paramide die Kuvertüre grob zerhacken und in einem warmen Wasserbad schmelzen. Darauf achten, dass kein Wasser in die flüssige Schokolade gelangt.

8. Die gefüllten Windbeutelchen zur Hälfte in die Kuvertüre eintauchen und daraus eine kleine Pyramide zusammensetzen. Dies macht man am besten direkt auf dem Servierteller. Die Pyramide anschließend kühl stellen. Vor dem Servieren mit Puderzucker bestreuen.

Tipp:

Cremeherstellung mit frischen Eiern ist kein Problem, wenn man einige wichtige Punkte beachtet. Kaufen Sie Eier nur bei Händlern Ihres Vertrauens. Bereiten Sie nur Rezepte zu, bei denen die Eier- bzw. Eigelbe über Wasserdampf warm aufgeschlagen werden. Die Masse wird bei etwa 65–75 °C dicklich und bindet. Bei 70 °C sterben eventuell vorhandene Salmonellenkeime ab.

Petits fours

Etwas schwieriger – aus Frankreich

Für 16 Stück

Zubereitungszeit: 2 Std.

Buttercreme:

- 1 Pk. Vanillepuddingpulver
- 3 EL Zucker
- 500 ml Milch
- 1 EL starker Mokka
- 150 g weiche Butter

Teig:

- 8 Eigelb
- 100 g Zucker
- 4 Eiweiß
- 80 g Mehl
- 20 g Speisestärke

Außerdem:

- 1 EL Tia Maria (Kaffeelikör)
- 200 g Puderzucker
- ca. 4 EL Zitronensaft
- Raspelschokolade zum Bestreuen

1. Für die Buttercreme aus Puddingpulver, Milch und Zucker nach Packungsanweisung einen Vanillepudding kochen, dabei den Mokka zufügen. Den Pudding kalt stellen und öfter umrühren, damit sich keine Haut bildet. Den Pudding dann in der Küchenmaschine schaumig rühren, dabei die Butter esslöffelweise unterrühren. Die Masse kalt stellen.

2. Für den Biskuitteig die Eigelbe mit der Hälfte des Zuckers im Wasserbad schaumig rühren, bis eine dickliche Masse entsteht. Dann in einem kalten Wasserbad wieder kalt rühren.

3. Das Eiweiß mit dem Handrührgerät leicht anschlagen, dann den restlichen Zucker einrieseln lassen und so lange schlagen, bis eine geschmeidige Masse entstanden ist.

4. Den Eischnee auf die Eigelbmasse häufen, Mehl und Speisestärke mischen und über den Eischnee sieben. Mit einem breiten Gummispachtel das Ganze behutsam vermischen.

5. Den Backofen auf 200 °C vorheizen. Die Biskuitmasse auf ein mit Pergamentpapier ausgelegtes Backblech streichen, am besten mit einer gebogenen Palette oder einem Plastik-Teigkärtchen.

6. Ein Geschirrtuch auf eine Arbeitsfläche legen und mit Zucker bestreuen. Den Biskuit im vorgeheizten Backofen 5–6 Minuten goldbraun backen, dann herausnehmen und auf das Geschirrtuch stürzen. Nun ein feuchtes Tuch auf das Pergament legen und den Teig auskühlen lassen.

7. Nach dem Auskühlen das feuchte Pergament abziehen. Die Biskuitplatte in 4 gleich große Teile schneiden.

8. Die untere Platte mit Tia Maria leicht tränken, dann mit etwas weniger als $^1/_3$ der Mokka-Buttercreme bestreichen. Die zweite und die dritte Platte ebenso mit Buttercreme bestreichen. Die bestrichenen Platten übereinander legen und mit der vierten Platte abdecken. Die Außenseiten und die Oberseite mit dem Rest der Buttercreme bestreichen und etwa 10 Minuten in den Kühlschrank stellen.

9. Die Biskuitplatten nach Wunsch in Würfel oder Rauten schneiden. Aus dem Puderzucker und dem Zitronensaft eine Zuckerglasur rühren und die Stücke damit überziehen. Mit Raspelschokolade bestreuen.

Banana Muffins

Einfach – aus den USA

Für 16–20 Stück

Zubereitungszeit: 45 Min.

- 130 g weiche Butter
- 100 g brauner Zucker
- 2 Eier (M)
- 1 Prise Salz
- 250 g Bananen
- etwas abgeriebene Schale von 1 unbehandelten Zitrone
- 80 g geriebene Haselnüsse
- 150 g Mehl
- 50 g Mondamin
- $1\,^1/_2$ TL Backpulver
- Fett für die Förmchen
- Schokoladen- oder Zuckerguss nach Wunsch
- Schokolinsen, Zuckerstreusel oder Zuckerperlen nach Wunsch

1. Butter, Zucker, Eier und Salz in einer Küchenmaschine oder mit dem Handrührgerät schaumig rühren.

2. Die Bananen pürieren. Zusammen mit der abgeriebenen Zitronenschale unter die Butter-Zucker-Masse rühren, anschließend die Haselnüsse zufügen.

3. Mehl, Mondamin und Backpulver mischen und zuletzt unter den Teig heben.

4. Den Backofen auf 180 °C vorheizen. Muffinförmchen ausfetten und zu $^3/_4$ mit der Rührmasse füllen.

5. Die Muffins im vorgeheizten Backofen 15–20 Minuten backen, herausnehmen und 5 Minuten auskühlen lassen. Dann aus den Förmchen stürzen und ganz auskühlen lassen.

6. Die Muffins nach Wunsch mit Zucker- oder Schokoladenguss sowie Schokolinsen o. a. verzieren. Für einen Kindergeburtstag kann man lustige Gesichter mit Zuckerschrift darauf malen.

Johannisbeer-Muffins
Einfach – aus den USA

Für 16–20 Stück

Zubereitungszeit: 45 Min.

250 g Mehl
1 Prise Salz
1 Pk. Backpulver
$^1/_2$ TL Zimtpulver
150 g brauner Zucker
125 g Butter
2 Eier (M)
200 ml Milch
120 g Johannisbeeren
Zuckerguss nach Wunsch

1. Mehl, Salz, Backpulver, Zimtpulver und den Zucker in einer Schüssel mischen.

2. Die Butter schaumig rühren, Eier und Milch zufügen und nun zügig die Mehlmischung unterrühren.

3. Die Johannisbeeren von den Stielen streifen, anschließend unter die Rührmasse heben.

4. Den Backofen auf 180 °C vorheizen. Muffinförmchen ausfetten und zu $^3/_4$ mit der Rührmasse füllen. Die Muffins im vorgeheizten Backofen bei 180 °C 15–20 Minuten backen. Herausnehmen und 5 Minuten auskühlen lassen. Dann aus den Förmchen stürzen ganz auskühlen lassen.

5. Die Muffins nach Wunsch mit Zuckerguss verzieren.

Variationen:
Als fruchtige Einlage eignen sich auch entsteinte Kirschen, Brombeeren, Heidelbeeren oder Zwetschgenstückchen, die man mit etwas Zimt bestreut.

Tipp:
Muffins lassen sich hervorragend einfrieren. Statt der Muffinförmchen eignen sich auch Papierförmchen zum Backen. Es gibt sie in verschiedenen Größen. Am besten steckt man je zwei Förmchen zusammen und stellt sie zum Backen eng nebeneinander auf ein Backblech.

Blätterteig-Cremeschnitten

Etwas schwieriger – aus Österreich

Für 8 Stück

Zubereitungszeit: 2 Std.

4 Platten TK-Blätterteig, aufgetaut
150 g Zucker
etwas Mehl
Creme:
1/2 Vanilleschote
3 Blatt Gelatine
250 ml Milch
50 g Zucker
3 Eigelb
240 g süße Sahne
200 g Erdbeeren
50 g Erdbeerkonfiture
150 g Zuckerglasur (vom Konditor)

1. Den Backofen auf 200 °C vorheizen. Die Blätterteigplatten mit Zucker bestreuen und auf bemehlter Arbeitsfläche mit dem Teigholz in der Länge gleich lang etwas ausrollen.

2. Auf ein mit Back-Trennpapier ausgelegtes Backblech im vorgeheizten Backofen etwa 15 Minuten backen. Herausnehmen und auskühlen lassen.

3. Für die Creme die Vanilleschote längs aufschlitzen. Die Gelatine in kaltem Wasser einweichen. Die Milch mit Vanilleschote und der Hälfte des Zuckers aufkochen.

4. Die Eigelbe mit dem restlichen Zucker verrühren und nun die kochende Milch unter die Eigelbe rühren.

5. Das Ganze zurück in den Topf schütten und auf dem Herd vorsichtig auf etwa 75 °C erwärmen. Dabei ständig mit einem flachen Holzspatel den Topfboden abrühren. Gleichzeitig den Topf ab und zu vom Feuer ziehen. Die Masse darf nicht kochen, da sonst das Eigelb gerinnt.

6. Wenn das Eigelb die Milch gebunden hat, die eingeweichte und ausgedrückte Gelatine hineingeben und unterrühren. Die Masse im kalten Wasser erkalten lassen. Die Sahne steif schlagen und kurz vor dem Festwerden unterziehen. Die Creme in eine Schüssel füllen und in den Kühlschrank stellen.

7. Die Erdbeeren vierteln. Die Vanillecreme auf 3 Blätterteigplatten verteilen und glattstreichen. Die Erdbeeren darauf verteilen und das Ganze mit der vierten Platte abdecken.

8. Die Erdbeerkonfitüre mit etwas Wasser in einem Topf verrühren und aufkochen. Die oberste Blätterteigplatte mit der heißen Konfitüre bepinseln. Wenn der Erdbeeraufstrich fest geworden ist, die Zuckerglasur darauf pinseln und fest werden lassen. Das Ganze mit einem Sägemesser in etwa 5 cm breite Stücke schneiden.

Profitipp:

Die Bayrische Creme kann schon am Vortag hergestellt werden. Wenn man für die Herstellung der Creme einen gestrichenen Esslöffel Mondamin unter das Eigelb rührt, gerinnt das Eiweiß nicht, falls die Creme zum Kochen gelangt.

Variation:

Eine schnelle Variante der Fruchtspieße ist das Schoko-Frucht-Konfekt. Es ist sehr leicht herzustellen, bleibt aber auch nur wenige Stunden makellos. Man verwendet dafür z. B. frische Erdbeeren, Trauben, Feigenviertel, Bananenstücke, Mandarinen- oder Orangenspalten, Kap-Stachelbeeren, Kirschen oder Kumquats. Die Früchte werden zur Hälfte in geschmolzene Kuvertüre getaucht, die andere Hälfte wird mit einer Puderzucker-Vanillezucker-Mischung bestreut. Die Schokofrüchtchen werden am besten in kleinen, bunten Papierförmchen gereicht.

Brochette rouge

Einfach – aus Frankreich

Für 4 lange Deko-Spieße
Zubereitungszeit: 45 Min.

- 4 Feigen
- 8 Schwarzkirschen
- 12 Erdbeeren
- 8 blaue Trauben
- 200 g Kuvertüre
- 50 g Walnuss-Krokant

1. Die Feigen schälen und vierteln, die Schwarzkirschen entsteinen. Die Früchte abwechselnd auf Dekor-Spieße stecken.

2. Die Kuvertüre in Stücke schneiden und in einem schmalen, tieferen Gefäß schmelzen lassen. Die Spieße schräg in die Kuvertüre tauchen und mit Walnuss-Krokant bestreuen. Danach schräg auf einem Gefäß abstützen, damit die Kuvertüre fest werden kann.

Brochette exotic

Einfach – aus Frankreich

Für 4 lange Dekospieße
Zubereitungszeit: 45 Min.

- 1 Babyananas
- 1 Papaya
- 1 Mango
- 12 Physalis (Kap-Stachelbeeren)
- 200 g Vollmilchkuvertüre
- 50 g Kokosstreusel

1. Die Babyananas, die Papaya und die Mango schälen und in Stücke schneiden. Den „Lampion" der Kap-Stachelbeere aufreißen, zum Stielende zurückfalten und zusammendrehen.

2. Jeweils eine Kap-Stachelbeere schräg auf einen Spieß stecken, dann abwechselnd andere Früchte.

3. Die Kuvertüre in Stücke schneiden und in einem schmalen, tieferen Gefäß schmelzen lassen, ein wenig von den Kokosstreuseln unterrühren und die fertig Spieße schräg bis zur Hälfte hineintauchen, herausnehmen und abtropfen lassen.

4. Die restlichen Kokosstreusel über die Schokofrüchte streuen. Die Spieße schräg auf einem Gefäß abstützen, damit die Kuvertüre fest werden kann.

Küchenpraxis

Praktisches Küchengerät

Sie müssen sich für das Zubereiten unserer Fingerfood-Rezepte keine besonderen Küchengeräte anschaffen. Alles, was Sie brauchen, ist sicher bereits in Ihrem Haushalt vorhanden. Wenn Sie jedoch besonderen Spaß am Garnieren und Verzieren haben, gibt es einige nützliche Spezialgeräte, mit denen dies besonders gut gelingt. Die wichtigsten stellen wir Ihnen hier vor.

Apfelausstecher
Er entfernt das Kerngehäuse von Äpfeln und Birnen, ohne die Frucht zu beschädigen. Er eignet sich aber beispielsweise auch zum Aushöhlen von Zucchini, die gefüllt werden sollen.

Juliennereißer
Auch Fadenreißer oder Zestenschneider genannt. Er schneidet dünne Schalenstreifen von Zitrusfrüchten ab.

Kugelausstecher
Mit ihm sticht man dekorative Kugeln beispielsweise aus Melonen, Kartoffeln, Kürbissen oder Butter aus. Kugelausstecher gibt es in verschiedenen Größen.

Perlenausstecher
Der „kleine Bruder" des Kugelausstechers, er liefert kleine Gemüse- oder Obstperlen und eignet sich auch zum Entkernen von Kirschtomaten.

Parisienneausstecher
Er hat eine längliche und gewellte Form. Mit ihm höhlt man Obst und Gemüse aus und bringt Kartoffeln in Form.

Butterschneidegerät
Mit ihm schneidet man Butterscheiben in dekorativ gewellter Form ab und stellt Butterröllchen und -kugeln her.

Ziseliermesser
Mit ihm kann man Muster in die Schalen von Zitrusfrüchten, aber auch in Champignons und Zucchini einritzen.

Buntschneidemesser
Mit diesem Messer erhalten Gemüse- oder Butterscheiben ein schönes Wellendekor.

Spritzbeutel
Auch Dressierbeutel genannt. Mit ihm zaubert man dekorative Windbeutel und füllt Speisen aller Art mit Crèmes. Es gibt Lochtüllen mit gezacktem und gewelltem Rand in unterschiedlichen Größen.

Tartelettförmchen
Darin backt man kleine pikante und süße Kuchen. Es gibt sie in unterschiedlichen Größen, in ovalen, rechteckigen und runden Formen.

Ausstechförmchen
Mit ihnen kann man nicht nur Plätzchen ausstechen, sondern auch schöne Ornamente aus Gemüse, Kartoffeln oder Butter.

Das Zusammenstellen eines Büffets

Die Rezepte dieses Buches sind für vier Personen berechnet, so dass Sie selbstverständlich jedes Gericht als Teil eines Menüs, als Snack oder als komplette Mahlzeit für diese Personenzahl zubereiten können. Meist wird man die dekorativen Fingerfood-Häppchen jedoch bei einer Party anbieten. Für diesen Anlass wollen wir Ihnen im folgenden einige Anregungen zum Zusammenstellen von Gerichten geben.

Generell sollte man beim Vorbereiten eines Büffets auf Abwechslung für Auge und Gaumen achten: Schön sieht eine Kombination von Gerichten verschiedener Formen und Farben aus. Bei einer Auswahl von Gerichten mit Fleisch oder Geflügel, Fisch oder Meeresfrüchten, vegetarischen Gerichten, knackigem Gemüse sowie Käse und Süßem wird jeder Gast etwas nach seinem Geschmack finden. Die Mengen sind für 12 Personen berechnet, bei entsprechend mehr oder weniger Personen verdoppeln bzw. halbieren Sie einfach die Rezepte oder lassen Gerichte weg. Zusätzlich sollten Sie Partybrötchen oder Baguette reichen. Haben Sie weniger Zeit für die Vorbereitung, beschränken Sie sich auf drei Gerichte und bieten zusätzlich eine Käseplatte oder einen einfachen Salat an.

Klassisches Büffet

Zwei Rezepte Rilettes von zweierlei Lachs und seinem Kaviar (S. 28)

Zwei Rezepte Scottish Meatballs (S. 11)

Drei Rezepte Canapés mit gebratener Geflügelbrust und Mango (S. 38)

Ein Rezept Pumpernickel mit Roquefortcreme (S. 36)

Ein Rezept Fruchttörtchen (S. 85)

Asiatische Impressionen

Ein Rezept Nigiri Sushi (S. 27)

Zwei Rezepte Chicken-Balls mit Bananen-Ingwer-Chutney (S. 12)

Ein Rezept Satays von der Flugentenbrust (S. 15)

Ein Rezept Frittierte Wan-Tans mit Schweinefleisch und Riesengarnelen (S. 52)

Ein Rezept süß-scharfer Aprikosen-Dip (S. 52)

Reise ans östliche Mittelmeer

Ein Rezept Sarma (S. 56)

Zwei Rezepte Lammhack-Souflaki (S. 16)

Ein Rezept Feta-Pastete (S. 16)

Drei Rezepte Zucchinipastetchen (S. 51)

Süßes Blätterteiggebäck (aus einem griechischen oder türkischen Spezialitätengeschäft)

Alles vom Spieß

Ein Rezept Miesmuscheln am Spieß (S. 22)

Ein Rezept King Prawn Sticks (S. 29)

Zwei Rezepte Kebab vom Lammrücken mit buntem Paprika (S. 14)

Ein Rezept Satays von der Flugentenbrust (S. 15)

Zwei Rezepte Brochette exotic

Vegetarisches Büffet

Ein Rezept Crostini mit Kräutern und Tomaten (S. 34)

Ein Rezept Roggenburger mit Mozzarella (S. 13)

Ein Rezept Mini-Calzone „Greco" (S. 46)

Zwei Rezepte frische Gemüserohkost (S. 68)

Ein Rezept Pesto (S. 69)

Ein Rezept Walnussquark (S. 69)

Ein Rezept Marzipantarteletts (S. 84)

Hinweise zu den Rezepten

Portionsangaben

Wenn nicht anders angegeben, sind die Gerichte für 4 Personen berechnet.

Zubereitungszeit

Die Zubereitungszeit umfasst die Vorbereitungs- und die Garzeit.

Sonderzeiten, wie Zeiten zum Kühlen oder zum Gehen, werden extra ausgewiesen, wenn sie nicht zur Erledigung anderer Arbeiten genutzt werden können. Diese Zeiten müssen daher zur Zubereitungszeit hinzugerechnet werden, möchte man den Zeitraum vom Beginn der Vorbereitung bis zum Servieren des Gerichtes ermitteln.

Die Zubereitungszeiten und insbesondere die Garzeiten beruhen auf Erfahrungswerten des Autors. Je nach Herd und Kochgeschirr können sie variieren.

Zutatenliste

Die Zutaten sind in der Reihenfolge ihrer Verwendung aufgelistet. Bei den Mengenangaben wird von ungeputzter und ungeschälter Ware ausgegangen. So ist unter der Angabe „500 g Möhren" das Einkaufsgewicht zu verstehen.

Wird der Verarbeitungszustand eines Nahrungsmittels allerdings in der Zutatenliste erwähnt, z. B.: „100 g Möhren, fein gewürfelt", bezieht sich diese Mengenangabe auf die küchenfertig vorbereitete Ware.

Bei Stückangaben ohne Gewichtsangabe wird immer von einem Stück mittlerer Größe ausgegangen.

Mengenangaben in Tee- und Esslöffeln beziehen sich auf gestrichene Maße.

Zubereitung

Es wird davon ausgegangen, dass die Zutaten bereits geputzt und gewaschen sind und Fleisch von überschüssigem Fett und Sehnen befreit ist. Diese Arbeitsschritte werden daher in der Zubereitungsanweisung nicht erwähnt.

Die Backofentemperaturen beziehen sich auf einen Herd mit Ober- und Unterhitze. Möchten Sie mit Umluft arbeiten, müssen Sie die Temperatur um 15–20 % reduzieren. Die Backzeit verändert sich nicht.

Abkürzungen

TL	=	Teelöffel
EL	=	Esslöffel
mg	=	Milligramm
g	=	Gramm (1 g = 1000 mg)
kg	=	Kilogramm (1 kg = 1000 g)
ml	=	Milliliter
cl	=	Zentiliter (1 cl = 10 ml)
l	=	Liter (1 l = 1000 ml)
Msp.	=	Messerspitze
gestr.	=	gestrichen
gem.	=	gemahlen
getr.	=	getrocknet
Pk.	=	Packung/Päckchen
TK-	=	Tiefkühl-
EW	=	Einwaage
F. i. Tr.	=	Fett in der Trockenmasse
°C	=	Grad Celsius
ca.	=	circa
cm	=	Zentimeter
Ø	=	Durchmesser
S.	=	Seite

Glossar

Abbrennen, einen → Brandteig bei hoher Temperatur so lange in einem Topf rühren, bis er sich als Kloß von der Topfwand löst und auf dem Boden ein weißlicher Belag entsteht. Dabei verdampft die überschüssige Flüssigkeit des Teiges.

Aioli, eine Knoblauchsauce aus der Provence, die oft als Dip zu Gemüserohkost gereicht wird. Traditionell wird Aioli im Mörser zubereitet.

Blini, kleine Hefepfannkuchen aus Weizen- und Buchweizenmehl. Sie sind ein Klassiker der russischen Küche und können unterschiedlich belegt werden.

Brandteig, Teig aus Wasser oder Milch, Salz, Butter und Mehl, der vor dem Backen in einem Topf „abgebrannt" (→ Abbrennen) werden muss. Er wird hauptsächlich für Windbeutel verwendet.

Bruschette, dicke Scheiben italienischen Bauernbrots, die traditionell über Holzkohle gegrillt und mit Knoblauch eingerieben werden. Man brät sie der Einfachheit halber auch in einer Pfanne in Olivenöl.

Canapés, pikant belegte Schnittchen. Ihre Grundlage bildet Weißbrot, Baguette oder Schwarzbrot. Sie sind fester Bestandteil von klassischen kalten Büffets.

Crostini, Spezialität aus Italien. Kleine, runde Weißbrotscheiben, die in der Pfanne in Olivenöl geröstet und anschließend belegt werden.

extra vergine, die höchste Qualitätsstufe des Olivenöls, aus erster, kalter Pressung.

Filoteig, ein in der griechischen und türkischen Küche beliebter Teig aus Mehl, Salz und Öl, der möglichst dünn ausgerollt wird. Er wird für gefüllte Teigtaschen, -röllchen, Pasteten u. v. m. verwendet.

Flammkuchen, Elsässer Spezialität aus Hefeteig, belegt mit saurer Sahne, Speck und Zwiebeln.

Frühlingsrollen, gefüllte Teigtaschen aus Südostasien, die meist frittiert werden. Den hauchdünnen Teig für Frühlingsrollen kann man tiefgekühlt in Asienläden kaufen.

Gravad Lax, durch Pökeln in Salz, Zucker, Pfeffer und Dill konservierter Lachs, Spezialität aus Norwegen.

Guacamole, eine Avocadosauce aus Mexiko, die zu → Tortillas gereicht wird.

Maki-Zushi, → Nori-Maki.

Masa harina, Maismehl, das zum Backen von → Tortillas verwendet wird.

Muffins, aus Nordamerika stammende Rührteigkuchen, die in kleinen Förmchen gebacken werden.

Nachos, kleine Dreiecke aus → Tortillateig, die frittiert und pikant gewürzt werden.

Nigiri-Sushi, → Sushi-Variante, bei der Sushi-Reis mit Scheiben von Fisch oder Meeresfrüchten umhüllt wird.

Noriblätter, getrockneter Purpurtang, der für → Sushi verwendet wird.

Nori-Maki, auch: Maki-Zushi. Bei dieser Sushi-Variante wird → Nigiri-Sushi in → Noriblätter eingehüllt.

Pesto, italienische Sauce aus Olivenöl, Knoblauch, Kräutern, häufig auch Pinienkernen und/oder geriebenem Hartkäse. Sie wird zu Pasta und Gemüserohkost gereicht.

Petits fours, kleine Törtchen aus Biskuitteig, die mit Crème gefüllt und mit einer Zuckerglasur überzogen werden.

Profiteroles, kleine Windbeutel aus → Brandteig.

Rilette, eine klassische französische Pastete aus kleingehacktem Fleisch und Fett. Auch aus Fisch kann eine Rilette hergestellt werden.

Sarma, mit Reis und Lammhackfleisch gefüllte Weinblätter, eine türkische Spezialität.

Satay, auch: Saté. Die südostasiatische Variante der Fleischspieße. Für sie wird das Fleisch sehr dünn geschnitten und auf Bambusspieße gesteckt.

Salsa, spanisch und italienisch für Sauce. Der Begriff wird oft für pikante Saucen aus Mittel-und Südamerika gebraucht.

Siš, türkisch für Spieß.

Souflaki, Fleischspieße aus Griechenland.

Tortillas, aus einem speziellen Maismehl (→ Masa harina) gebackene Pfannkuchen, die unterschiedlich gefüllt und überbacken werden können. Sie gehören in Mexiko zu den Grundnahrungsmitteln.

Sushi, die klassische Vorspeise in Japan. Roher Fisch, Meeresfrüchte, Gemüse oder Tofu werden mit gesäuertem Klebreis (Sushireis) angerichtet. Häufig wird Sushi in → Noriblätter eingerollt serviert.

Wan-Tans, aus China stammende gefüllte Teigtaschen, die häufig frittiert serviert werden.

Wasabi, sehr scharfer japanischer grüner Meerrettich, der u. a. für → Sushi verwendet wird.

Rezeptregister

Schlagwortregister

Bildnachweis

Jürgen Schulzki: S. 11 (Petersilie), 16 (Wacholder), 20 (Curry), 35 (Salbei), 37 (Physalis), 45 (Tomaten), 49 (Wein), 51 (Zucchini), 59 (Paprika), 65 (Steinpilze), 67 (Rosmarin), 74 (Pfeffer), 89 (Johannisbeeren)
Alle übrigen Fotos: Ruprecht Stempell

Danksagung

Der Verlag dankt der Firma Tertafel, Eindhoven, die für die Fotoarbeiten Geschirr zur Verfügung gestellt hat.